PLATON

GORGIAS

ODER

ÜBER DIE BEREDSAMKEIT

IN DER BEARBEITETEN
SCHLEIERMACHERSCHEN ÜBERSETZUNG
NEU HERAUSGEGEBEN UND EINGELEITET
VON KURT HILDEBRANDT

PHILIPP RECLAM JUN. STUTTGART

Universal-Bibliothek Nr. 2046/47
 Gesetzt in Petit Garamond-Antiqua. Printed in Germany 1973. Herstellung: Reclam Stuttgart
ISBN 3-15-002046-8

EINLEITUNG

VORSPIEL (1—2)

„Krieg und Schlacht“ sind die Worte, mit denen der Dialog beginnt. Zwar biegt die Erklärung sogleich ab: nur das Post-festum-Kommen war gemeint, nur im Scherz, denn die von *Sokrates* und *Chairephon* absichtlich versäumte Prunkrede des größten Redners, *Gorgias,* war für die versammelten Verehrer ein festlicher Ohrenschmaus — dennoch: jene zwei Worte dröhnen gefühlsmäßig im Dialog bis an den Schluß. Nur auf der Oberfläche handelt es sich um eine neutrale Untersuchung, um das Bild des überlegenen, heiterironischen Sokrates, in Wirklichkeit führt er unbedingten Krieg gegen die Umwelt. Überwiegend wird angenommen, daß der *Gorgias* der letzte Dialog der ersten Periode ist, der letzte vor der großen Reise, der Bruch mit Athen. Sein Gegner staunt im Verlauf dieser düstern Bußrede: wenn Sokrates im Ernst spräche, „wäre dann nicht unser menschliches Leben geradezu umgestürzt und wir täten überall das Gegenteil von unserer Pflicht?!“ Und Sokrates steigert darauf solchen Ernst ins Unbedingte.

Dieser Dialog wird von den hellenistischen Philologen „ἀνατρεπτικος“ unterbetitelt, das ist eine Gruppenbezeichnung, etwa als „erweckend“ zu verstehen. Aber hier trifft sie radikal zu: das bisherige Leben wird auf den Kopf gestellt. Die Spannung ist groß zwischen der neuen ethischen Lehre, welche die Apatheia der Stoiker begründet, und der leidenschaftlichen Erregung, welche die ganze Schrift, die größte der ersten Periode auch dem Umfang nach, durchwaltet. Viele Entsprechungen bestehen zum *Protagoras* (der noch vor Sokrates' Tod geschrieben sein könnte, also zwischen Anfang und Schluß dieser Periode). Aber jener ist heiter, dieser tragisch.

Der Gegensatz zwischen Weisheitlehrer, Sophist, und Weisheitsucher, Philosoph, wird erst durch diese Dialoge herausgearbeitet: Vorläufig stehen sich Sokrates, der in Athen bekannte, volkstümliche, und der weltberühmte weise Redner Gorgias gegenüber. Zwar wurde im *Protagoras* die weit tiefere Substanz und Einsicht des Sokrates gegenüber den Sophisten für die Einsichtigen offenbar, aber durch den scheinbar aporetischen Schluß wieder verdeckt. Sokrates begegnet auch Gorgias höflich, respektvoll, urban und verschweigt möglichst seine Überlegenheit. Ironie darf man in diesen ersten Teil nicht hineinlesen, aber Sokrates ist sorglich auf seine Würde bedacht, um sich dem Berühmteren gegenüber nichts zu vergeben. Auch er hat manche Schüler, und er schickt zuerst, gleichsam als Vorhut, seinen Jünger Chairephon in die Schlacht. Dieser soll Gorgias fragen, „wer er ist?“ Die metaphysische Frage schlechthin nach Wesen und Substanz bezeichnet das Schlachtfeld. In Hölderlins Hymnen kennen wir den Ton so dumpfer Fragen ins Ungewisse hinein. Zwar scheint Sokrates selbst diesen vier Silben sogleich diese tiefe Bedeutung zu nehmen: die Frage soll sich nur auf Beruf, auf Techne oder Handwerk des Gorgias richten. Aber die so begrenzte Frage an den weltberühmten Redner klänge wie ein Scherz, wie Hohn. Hinter diesem Schleier bleibt die metaphysische, die existentielle Frage: „Wer bist du?“ Was wirkst du in der wirklichen Geschichte? *Polos,* Gorgias' Schüler und Haupt-Begleiter, stellt sich vor den Meister. Er bittet Chairephon, ihn, den Redenden selbst, zu befragen, weil jener vom vorangegangenen Vortrag ermüdet sei. Mag dieser Grund echt sein, oder mag Polos nur Lust haben, sich zu zeigen: jedenfalls ist er überzeugt, den Meister — mindestens für Sokrates und Chairephon hinreichend — zu vertreten. Sokrates kann nichts einwenden: hat doch auch er seinen Gefährten vorgeschickt. Chairephon fragt schulgerecht in Sokrates' dialektischer Methode, welches die Kunst, die Techne des Gorgias sei, und präzisiert die Frage durch die Analogie mit Arzt und Maler. Die Antwort des Polos, in Gorgias Stil, aber in belangloser Übersicht, läuft dahin aus: Gorgias vertrete die schönste der Künste. Sokrates greift ein und wendet sich an Gorgias selbst: Polos habe die Frage nicht beantwortet und nur als Redner gesprochen. Er bittet Gorgias, ihm selbst zu antworten. Gorgias willigt ein.

Der Aufbau des Dialoges ist denkbar einfach. Er besteht aus diesem Vorspiel (Cap. 1/2), dem Zwiegespräch mit Gorgias (3—15), dem mit Polos (16—36), dem mit *Kallikles* (37—38). Der eschatologische Mythus (79—83) bildet den Abschluß. Der methodische Verlauf stimmt mit dem *Protagoras* überein: Mit aller Mühe lockt Sokrates die Redner in seine dialektische Methode, die ihnen ungewohnt, schwerfällig, lästig ist und dennoch im dynamischen Vorgang ihr Interesse, noch mehr das der Hörer fesselt, so daß trotz aller Hemmungen der philosophische Fluß weiterströmt. Aber der heitere *Protagoras* endete scheinbar aporetisch, der düstere *Gorgias* endet klar, aber mit pathetischer Dissonanz.

Interpreten, die nur auf wissenschaftliche Methode, auf logischen oder lehrhaften Fortschritt sehen, überhören oft den so erschütternden tragischen Unterton, so erschütternd er auch ist, vernehmen bisweilen nicht die lebendige Dynamik in der Tiefe, wenn die lebendigen Gestalten sie nicht interessieren. Gerade der *Gorgias* ist ein Beispiel, daß Vorspiel und Persönlichkeit der Redenden, also diese Grundlagen des Mythos neben dem „Logos“ als rationaler Lehre, erste Voraussetzung zum Verstehen des Gedanken-Gehaltes sind.

I. GESPRÄCH MIT GORGIAS (3—15)

Als Platon den Dialog schreibt, lebt Gorgias hochbetagt und hochberühmt in Thessalien. Platon hat keinen Anlaß, ihn zu kränken, denn er hat, wie das *Gastmahl* beweist, Freude an seinem anmutigen Redeschmuck gehabt[1]. Gorgias wird im Dialog nicht als Sophist, das heißt als philosophischer Denker behandelt, mit gewisser Berechtigung: Seine agnostische, man darf fast sagen kritizistische Philosophie, einseitige Weiterentwicklung der Parmenideischen, kann für seine praktische Tätigkeit nichts ergeben, denn nur negativ gibt sie die praktische und politische Lehre des Redners frei. Er will *nur* Redner sein: er ist Redner, aber zugleich der größte Lehrer der „Redekunst". Der Begriff Techne, Kunst, gehört zur Grundlage des Dialogs, denn im Gespräch mit Polos wird Sokrates beweisen, daß die sogenannte Redekunst überhaupt keine Kunst ist[2].

Sokrates und Gorgias verstehen sich auf Grund klarer Begriffe und Einteilungen, aber dieser muß bald erkennen, wieviel gründlicher die Einsicht von Sokrates ist. Das Thema ist kaum ein Streit über die schöne Gabe der Beredsamkeit, sondern über die ethische und damit über die politisch-geschichtliche Auswirkung der Redner. Die Hauptgespräche führt nicht Gorgias, der unbestrittene Meister, sondern die beiden von ihm Erzogenen, Vertreter der folgenden Generation: Redner und Staatsmann. „An ihren Früchten sollt ihr sie erkennen."

1. Redekunst mit Einschluß der Ethik (3—6). Selbstgefällig nennt Gorgias sich den vollkommenen Redner. Nicht bloßer Schönklang ist gemeint, denn logoi sind nur sinnvolle Reden. Niemals bedeutet in dieser Zeit Logos Logik oder Begriff[3]. Logos ist der Gedanke, der sich im gesprochenen oder im gedachten Wort ausspricht, außen oder innen, der Gedanke, der den Grund, den Sinn, die Lehre enthält. Mit Hilfe der Sokratischen Fragen und Hinweise, daß es doch auch andere wesentlich gedankliche Künste, technai, gebe, gelangt Gorgias zu einer wesentlichen Definition: Redekunst beziehe sich „auf die größten und schönsten unter allen menschlichen Angelegenheiten" (451 D), was (allerdings erst 454 C) als das Gerechte und Ungerechte präzisiert wird.

2. Redekunst als bloße Überredung (7—11). Sokrates

wendet ein: Gesund zu sein, Schönerwerden, auf redliche Weise Reichwerden, scheinen manchen die besten Güter. Arzt, Turnlehrer, Kaufmann werden also dem Redner gegenüber in Anspruch nehmen, das größte Gut zu erzeugen. Gorgias nutzt diesen Hinweis rednerisch sehr geschickt, dennoch sehr gewagt aus. Seine Erwiderung klingt nicht nur überzeugend, sondern ist „realistisch" – nämlich in einer entartenden Demokratie, hier in Athen –, denn von der Überredung der Masse hängt Politik, Macht, Rechtsprechung, Schicksal ab, sei es, daß die Volksversammlung über Verfassung, Krieg und Frieden entscheidet, sei es über Leben und Tod, indem sie zu Richtern – die ganz unberufenen Laien zu Richtern! – berufen werden. Aber auch in der geschlossenen Ratsversammlung entscheiden die besten Redner. Das und die Auslosung der Leitenden sind ja die Gebrechen der attischen Verfassung, die Sokrates und Platon angreifen. Und nun rühmt sich Gorgias, daß Arzt, Turnlehrer, Kaufmann Knechte des Redners seien (452 D). Er ist einverstanden mit der Definition, die Sokrates nun aus der Tiefe, aus dem Ursprung klärt: Redekunst bewirke „die Überredung in der Seele der Hörer" (453 A).

Nun schlägt der Methodiker, der Dialektiker vor, zwei Arten (εἴδη) der Überredung zu unterscheiden. Die herkömmlichen deutschen Worte reichen dafür kaum aus. Sokrates unterscheidet, was wir etwa als Überredung und Überzeugung zu trennen pflegen. Aber bisher hat er einen zusammenfassenden Begriff gebraucht: Peitho, Überredung bis zur Verführung, aber auch Überzeugung. Nun trennt er methodisch: Erkenntnis, episteme – und Glaube, Meinung, πιστευειν, ohne Wissen, ohne εἰδεναι. Gorgias bestätigt den Unterschied: Erkenntnis kann nicht irren, das Glauben kann irren. Und dies ist nun die wunde Stelle der attischen Demokratie: Es ist unmöglich, die Menge in so kurzer Zeit zu belehren. Beweise dafür sind die Justizmorde, die weltgeschichtlichen Ereignisse: im Dialog selbst der Feldherrnprozeß nach der Arginusenschlacht, für den denkenden Zuhörer die Hinrichtung eben dieses hier forschenden Sokrates. Gorgias gibt diese bedenkliche Kritik der Volksregierung zu, ohne zu zaudern (Cap. 9)[4].

Sokrates findet etwas Paradoxes darin: Der Redner ist auch in der techne, von der er nichts versteht, stärker als die Sachverständigen. Diese Gefahr der Demokratie hat Gorgias zum Lobe der Redekunst betont: er steht auf brüchigem Boden. Sokrates bekennt, diese Kunst scheine ihm eine geradezu dämonische, übermenschliche Größe zu besitzen (10). Gorgias, der sich bisher auf Sokrates' Bitte der kurzen und bestimmten Antworten bedient hat, ergreift mit Freuden die Gelegenheit, aus dieser einengenden Methode auszubrechen und eine schwungvolle Rede zu halten. Die nachdenkliche *Verwunderung* des Partners nimmt er als *Bewunderung*, die Kritik als Bestätigung. Seine Weisheit ist am Ende, denn er glaubt, diese Bewunderung der demagogischen Gewalt noch steigern zu können. Immerhin hat er doch ein sittliches Bedenken durchgefühlt und führt abschließend aus: man dürfe diese dämonische Waffe der Redekunst nicht mißbrauchen: er lehre nur Redekunst und sei für ihren Mißbrauch nicht haftbar, sowenig wie der Lehrer des Faustkampfes, wenn sein Schüler diese Kunst zu einem Verbrechen mißbrauche. Das klingt überzeugend für den „gesunden Menschenverstand" — nur widerspricht es der früheren Definition des Gorgias, wo als Gegenstand des Redners das Gerechte und Ungerechte bezeichnet war (11).

3. *Gorgias scheitert im Widerspruch* (12—15). Die Verantwortlichkeit des Redners — ein Hauptproblem. Sokrates weiß, daß Gorgias sich in eigner Schlinge fing, will aber den Berühmten nicht bloßstellen: gemeinsam wollen sie die Wahrheit entdecken. Ohne jede Ironie fragt er, ob Gorgias die Untersuchung fortsetzen wolle. Dieser möchte sie — wie einst Protagoras — gern beenden und rechnet darauf, daß die Zuhörer — wir erfahren jetzt erst, daß eine größere Zahl anwesend ist — gelangweilt, ermüdet sind, denn er ist zu eitel, um zuzugeben, er selbst wünsche den Abbruch. Aber er

irrt: diese Hörer sind nach der Prunkrede gespannt auf diese dynamische Auseinandersetzung der beiden Denker[5]. Selbst Kallikles dringt auf Fortsetzung. Gorgias erklärt sich bereit – nach seinen großzügigen Versprechungen kann er kaum anders. Aber Sokrates erkennt auch die durchaus faire und sachliche Beteiligung des selbstbewußten Partners an, und er beschreibt, wie sonst der geistige Kampf meist in niedriges Gezänk ausläuft, wenn sich jemand widerlegt fühlt (12/13).

II. GESPRÄCH MIT POLOS (16–36)

Gorgias ist besiegt, die Front durchbrochen. Polos glaubt sie vom Flügel her wiederherstellen zu können. Diesmal widerspricht keiner der Zuhörer, offenbar zweifelt niemand an Gorgias' Niederlage. Polos, der routinierte Redner, glaubt den Partner leicht zu erledigen mit überheblichem, frechem Ton. Sokrates müsse doch selbst bemerkt haben, daß Gorgias sich nur geschämt habe, der Forderung nach Gerechtigkeit zu widersprechen. Aber Sokrates gehe ja nur darauf aus, den Partner in Widersprüche zu verwickeln. Das sei roh, bäurisch. Sokrates antwortet dem Unverschämten nicht mit seiner urbanen Ironie, sondern mit bösem Hohn. Er selbst sei ja alt, gedächtnisschwach, darum brauche er junge Leute wie Polos als Aushelfer. Nur eins bitte er: Polos möge auf die Langrednerei (die demagogische Beredsamkeit) verzichten, und deutet ihm den Sinn der dialektischen Methode, Frage und Antwort. Polos fährt auf: Wie, er dürfe nicht sagen, soviel er wolle? Und Sokrates antwortet wieder höhnisch: Schlimm wäre es allerdings, wenn Polos gerade in Athen (der Hauptstadt des Schwatzens) nicht unbedingte Redefreiheit hätte – ebenso schlimm wäre es auch, wenn er, Sokrates, nicht nach Hause gehen dürfe. Polos fügt sich – er mag die überlegene Persönlichkeit bei diesem moralischen Backenstreich fühlen. Er zeigt sich von nun an willig, allerdings höchst ungeschickt in der dialektischen Methode, so daß ihm Sokrates mehrmals vorschlagen muß, wie er weiterfragen soll.

1. Beredsamkeit ist nicht „Kunst“ (17—20). Sokrates bestreitet, daß die sogenannte Redekunst überhaupt eine Kunst, Techne, sei. Sie sei nur eine empeiria, eine Fertigkeit, Lust und Wohlgefallen zu bewirken[6]. Dafür schlägt er die Bezeichnung Schmeichelei, κολακεια, vor (462 D). Die begrifflichen klaren Unterscheidungen der Sophisten führt Sokrates phänomenologisch in die Tiefe, indem er eine Tafel der vier wichtigsten auf klares Denken gegründeten „Künste“ aufzeichnet und das zu jeder gehörige Schmeichelwerk. Im *Gorgias* sieht Platon noch streng dualistisch Leib und Seele unbedingt analog[7]. Dem Leib dient die Turnkunst, gymnastike, und die Heilkunst. Die Turnkunst ist die höhere, weil sie Schönheit und Kraft des gesunden Menschen bewirkt, also Hygiene, Prophylaxe, Diät einschließt. Die Heilkunst stellt nur die Gesundheit des kranken Menschen her. Aber für den wesentlichen Sinn des Dialoges, ja der neuen philosophischen Lehre überhaupt, erweist sich gerade die Heilkunst als dauernd wichtiges Gleichnis, als Symbol[8]. Zur Turnkunst gehört als Schmeichelwerk das Handwerk des Putzes und der Kosmetik, welche Gesundheit und wesenhafte Schönheit nur vortäuschen. Das Schmeichelwerk, das der Kunst der Ärzte entspricht, ist die Fertigkeit der Köche und Zuckerbäcker, die dem Gaumen schmeicheln, aber nichts von gesunder Diät wissen. (Tragische Beziehung zu Sokrates' Tod.) Genau analog auf dem Gebiet der Seele: zur Kunst der Gesetzgebung die Sophistik, zur Rechtspflege die Redefertigkeit[9]. Es liegt an der demokratischen Verfassung, daß Sophisten und Redner vermengt werden — für Sokrates ist diese Unterscheidung wichtig (20). Wie passend erweist sich nun das Wort Schmeichelei: es leitet zur Überredung, Verführung, zum bloßen Schein, zur Unechtheit, wozu Gorgias mit seinen letzten Definitionen das Recht gab. Sokrates nennt diese betörende Redefertigkeit: verderblich, trügerisch, unedel, unfrei — wegen des bloßen Scheines vernachlässige sie das Wesen (465 B). Danach entschuldigt sich Sokrates, daß er nun doch selbst in eine längere Rede verfallen sei — aber anders hätten sie ihn ja nicht verstanden. Doch bewies er damit, daß er — im Raum der Wahrheit — auch die lange Rede beherrscht wie die Redner.

2. *Tyrann und Redner haben keine wahre Macht* (21—25). Polos vermag nichts zu erwidern. Er kehrt zum Ausgangspunkt zurück, daß der Redner die höchste Macht erlange: er könne des Vermögens berauben, verbannen, töten, ganz wie er wolle: in der Demokratie Tyrannenmacht. Sokrates behauptet jetzt noch paradoxer: Redner und Tyrannen (nämlich wenn es ihnen an Einsicht fehlt) hätten überhaupt keine Macht. Jeder Mensch will das für ihn selbst Gute, seinen Vorteil. Wenn aber ein Tyrann tut, was ihm gut *scheint*, nicht was ihm wirklich gut *ist*, so erreicht er nicht, was er eigentlich will. Er hat nur den augenblicklichen *Schein*, nicht das dauernde *Wesen*. Damit macht Platon die ewig-wichtige, aber immer wieder vergessene Unterscheidung von Mittel und Zweck. Der Verfall geschieht zum größten Teil durch die Verwechslung von Zweck und Mittel. Geld und Maschinen, äußere Zwangsmacht, die alle nur als Mittel Sinn haben, werden als Zweck erstrebt (23). Begeht ein Tyrann Verbrechen, die ihm schaden, so erreicht er keine Macht, noch weniger Eudaimonie. Polos gibt das zu, aber ohne wahre, folgenreiche Erkenntnis, denn sogleich erklärt er es doch wieder für unmöglich, daß man den Tyrannen nicht beneide. Da stellt Sokrates das höchste moralische Gesetz auf: Unrechttun ist das größte aller Übel, Unrechtleiden das geringere (469 C).

3. *Gewissen und Strafe* (26—29). Polos kann dem dialektischen Gedankengang nichts entgegnen, hält aber die Folgerung für unmöglich und setzt ihr den allgemeinen Menschenverstand entgegen. „Schwer ist es freilich, dich zu widerlegen. Aber könnte dir nicht ein Kind beweisen, daß du unrecht hast?“ Er sieht den Beweis darin, daß Archelaos,

der sich durch schwerste Verbrechen der Tyrannis in Makedonien bemächtigte, immer noch straflos ist und regiert — also sei er doch glücklich. Sokrates gibt zu, daß Polos mit dieser Advokaten-Methode Erfolg haben werde, beinahe alle werden ihm recht geben. (Wie er jetzt das Wesen in der Tiefe der Seele verwurzelt, so zeigt er zuerst, daß seine Dialektik allein dazu fähig ist.) „Aber ich als einziger gebe es dir nicht zu." Polos wolle ihn durch falsche Zeugen aus seinem Eigentum, aus der Wahrheit vertreiben (472 B). Die Dialektik brauche keinen Zeugen — oder doch nur einen, den Partner. Er werde am Wert seiner Methode zweifeln, wenn er Polos nicht überzeuge (472 C). Und doch steigert er hier das Moralgesetz bis zur bedenklichen Paradoxie: der unbestrafte Verbrecher (wie Archelaos) sei der elendeste, der bestrafte sei weniger unglücklich. Das ist die Qual des schlechten Gewissens (473 B u. E). Sokrates will bekehren, will das Gewissen selbst erzeugen, so sehr, daß er hier einmal geradezu herzliche Töne anschlägt — aber auf diese zugespitzte Behauptung antwortet Polos nur mit Lachen (473 A u. E).

4. *Das Schöne* (30—36). Unmöglich scheint es, Polos zum Eingeständnis zu zwingen. Wie gelingt es dennoch? Durch die Lehre vom Schönen Leben. Hier ist ein Exkurs nötig, weil unsere „kategorialen" Begriffe, selbst die des späteren Platon, andere sind und es sich doch um die metaphysische und ethische Grundlegung handelt. Sokrates stellt das stoische Grundgesetz auf: in der Tugend selbst muß das Glück liegen, für sie nimmt der Held das Martyrium auf sich. Das entspricht auch Kants kategorischem Imperativ: das Sittengesetz gilt absolut. Sokrates hat diese Unbedingtheit bewährt. Das wissen die Leser des Dialogs, sie wissen auch, daß darum der Kampf in Philosophie und Ethik geht — die Hörer im Spiel des Dialogs selbst werden darauf vorbereitet. Aber ein Wesens-Unterschied wird deutlich. Kant trennt unbedingt Moral und ästhetische Lehre — für Platon gehören Schönes und Gutes im Göttlichen unlösbar zusammen,

und hier im *Gorgias* ist sogar das Schöne Leben der übergeordnete Wert. Schön ist die Ordnung des Kosmos in ihrem schöpferischen Wesen, schön ist die analoge Harmonie im Leben, im seelischen Sein des Menschen. Gut aber ist zuerst nicht wesenhaft, nicht Endzweck, sondern nur das Mittel dazu: das, was dem Menschen zum Glück verhilft, was ihm vorteilhaft ist. Die Schönheit des Leibes soll wohl dem Wesen, der Seele entsprechen – aber sie kann auch täuschen, bloßer Schein sein. (Auch im Deutschen fehlt diese Bedeutung des Guten nicht. Das „Gut" als Eigentum, als Vermögen. Das „gute Schwert" als brauchbares Werkzeug, nicht als Selbstzweck.) Aber gut, agathos, nimmt eine weitere Bedeutung an: das, was vorteilhaft ist für die Gemeinschaft, für Polis und Nation. Gut ist der Mensch als Werkzeug des Staates – und da handelt es sich mehr um ethisches Vermögen als um Körperkraft. Kaloskagathos heißt also nicht edelschön, sondern edel und tüchtig, weil kalos den übergeordneten Wert, schön in der Seele, edel, bedeutet. Dies ist wohl der Begriff, der damals in Athen gilt. Und von ihm können sich auch die Gegner des Sokrates nicht ganz lösen. Um klar zu sehen, mag man bedenken, daß Platon später noch tiefer schaut: wenn man doch Kosmos und Leben als schöpferisches Geschehen begreifen muß, so rückt zuletzt das Gute als Kraft des Schaffens noch über die Schöne Welt. Erst im *Timaios* erscheint die vollendete Formel des Platonismus: „Es kann der Beste nur das Schönste machen." Die Idee des Guten hat sich gewandelt in den Schöpfergott, den Demiurg. Schöpfersein, Poiesis angesichts der Tafel der Ideen, ist der Höchste Gott. Der zweithöchste ist sein Sohn, der Schöne Sichtbare Kosmos. Davon ist Platon im *Gorgias* noch entfernt: das agathon schwankt noch zwischen dem für das Glück des Individuums Nötigen und Vorteilhaften – und zwischen dem ethisch Guten im Dienst des Staates[10].

Daß Polos ohne Zaudern zugibt, Unrechttun sei (obwohl für den Täter *besser*, weil vorteilhafter, dennoch aber)

„häßlicher“, wird oft als komisches Ungeschick beurteilt, weil es sich als folgenschwer erweist. Der Denkende versteht die Notwendigkeit. Gewiß darf Polos voraussetzen, individuell möchte fast jeder Athener Tyrann, Diktator sein. Aber da alle andern durch ihn geknechtet würden, so schließt die demokratische Gemeinschaft die Tyrannis aus — das ist ihr Sinn, ihr Vorzug. Gorgias und Polos würden sich hier vor der Hörerschaft lächerlich machen, wenn sie zum politischen Reden erziehen wollten und die Tyrannis als schönes Ziel priesen. Beneidenswert ist der Tyrann — aber in Athen ein Verbrecher gegen die heiligen Gesetze (30). Dagegen setzt Sokrates das seelische Urteil: Der Verbrecher ist der unglücklichste Mensch, er ist krank in der Seele, und heilen kann ihn nur die gerechte Strafe, die Sühne. Damit ist das Prinzip des Kategorischen Imperativs — nicht logisch abgeleitet und bewiesen, aber — phänomenologisch gezeigt. Vielleicht hat jeder gesunde Mensch die Anlage dazu, die in der Gemeinschaft geweckt werden muß. Wenn aber Sokrates weiter behauptet: nur durch den äußeren Strafvollzug könne der Bereuende wieder heil werden, so klingt das nicht mehr überzeugend. Aber die Sicht ist hoch: Nicht durch den äußeren Vorteil, „*Das* Gut“, sondern durch die innere Übereinstimmung, den Einklang mit dem Daimon im Gewissen, wird der Mensch eudaimon, was man mit glückselig zu übersetzen pflegt[11] (31). Sokrates versucht das Gesagte auf metaphysischer Ebene zu vollenden (32—35). Tun und Leiden, aktiv und passiv sind korrespondierende Begriffe, nicht nur logisch, sondern auch im seelischen Vollzuge. Wirkung gleich Gegenwirkung: der gerechten Strafe entspricht das Gerechtwerden des Bestraften. Der Redner soll seine Freunde, wenn sie Unrecht taten, selbst der Bestrafung zuführen. Polos gesteht: „Ungereimt scheint es mir zwar, mit dem Vorigen indes mag es wohl zusammenstimmen.“ Schon im *Hippias* (dem „Kleineren“) hatte Sokrates den Partner widerlegt, und dieser schloß: „Das kann ich dir unmöglich zugeben“, und Sokra-

tes schließt: „Auch ich mir selbst nicht einmal, und doch scheint es sich jetzt notwendig aus unserer Rede zu ergeben . . ." Der Instinkt sieht weiter als die „Logik". Fast wartet man hier auf einen ähnlichen Schluß. Aber im Gegenteil: Sokrates steigert die Paradoxie, daß sie wie Ironie, ja Hohn klingt. Der einzige Nutzen dieser (Advokaten-) Beredsamkeit bestehe also darin, daß sie Freunden *schaden* könne, indem sie diese der gerechten, heilenden Strafe entziehe. (Das christliche „Liebet eure Feinde" liegt außerhalb des Platonischen Sittengesetzes.)

III. GESPRÄCH MIT KALLIKLES (37—78)

Jetzt springt Kallikles, der Hausherr, für den gescheiterten Polos ein. Kein Wunder, daß er fragt, ob Sokrates ernsthaft oder scherzhaft rede? Unbedingt sicher scheint selbst Chairephon nicht. Kallikles erkennt richtig die Folgen dieser Unbedingtheit der moralischen Forderung: Umsturz des damaligen Lebens, besonders in Athen. Polos ist Ausländer, ohne Möglichkeit, ein staatliches Amt zu erwerben: er beschränkt sich auf die Beredsamkeit als solche. Kallikles ist Athener, er will politische Stellung und Macht erringen. Sie sind beide nicht Sophisten als Weisheitlehrer, aber da sie nicht von Sokrates erweckt sind, nicht philosophisch sind, so gehören sie doch dem Geist (und auch Ungeist) dieses sophistischen Zeitraumes an. Kallikles ist von Natur reiner Hedonist, sieht im sinnlichen Genuß, in der Zügellosigkeit das einzige Gut, das Glück. Als Staatsmann ist er reiner Egoist, um Macht für sein Wohlleben zu gewinnen. Die dialektischen Künste, ob sophistisch oder philosophisch, verachtet er, ihm gilt, wie manchen Modernen, nur Lustgewinn als Zweck, Machtgewinn nur als Mittel dafür. Einige Sätze berühren sich mit der „Herren- und Sklavenmoral" Nietzsches, ohne mit dessen echtem Ethos wahre Verwandtschaft zu haben. Deswegen imponiert er manchen gelehrten Kritikern, die wohl den moralischen Maßstab anlegen, aber ihre Bewunderung für diesen „ganzen Kerl“ nicht unterdrücken können. Etwas komisch, denn Sokrates hat ihn vorher sehr deutlich als Schwächling charakterisiert. Immerhin: daß diese Charakterisierung des Charakterlosen vorweggenommen wird, was von der künstlerischen Form abweicht, muß seinen Grund haben. Platon selber hört in der Stimme des temperamentvollen und verantwortungslosen — und darum unbedingt aufrichtigen — Staatsmannes doch *auch* einen wirklichen Ton des Versuchers. Er enthüllt dies schwankende Rohr, diesen Schwächling unter dem Löwenfell noch vor dem Kampf — als ob er die moderne Überschätzung geahnt hätte. Man hat hinter diesem historisch nicht aufbewahrten Namen allerhand Personen gewittert, aber es ist kein Zweifel: er ist eine wirkliche Person aus Platons nächster Umwelt, ob er nun Kallikles hieß oder anders[12]. Er ist verliebt in den Sohn des Pyrilampes, Demos mit Namen, so wie Sokrates in Alkibiades verliebt ist. Er ist verliebt auch in den Demos Athens, das Volk, so wie Sokrates in die Philosophie, das heißt in die Erkenntnis des Schönen und Guten verliebt ist. Pyrilampes aber ist der Stiefvater Platons selbst, und Demos hat eine bedeutende Rolle gespielt als Gesandter in Persien. Wie fade wäre es, eine erfundene Person in der nächsten Umgebung mit diesen historischen Namen in Beziehung zu setzen. Kallikles ist ein verliebter Schwächling, er redet den Geliebten nur nach dem Munde, er schmeichelt, wovor Sokrates schon in *Lysis* den verliebten Epheben gewarnt hatte. Aber dem Sokrates, dem einfachen Plebejer im Dialoge gegenüber, glaubt jener sich im Gebrüll des Löwen üben zu können.

Sokrates bezeichnet noch einmal, noch geklärter das Neue — er zeigt es im Grunde der Seele: das Gewissen. Als instinktive Gegebenheit ist es auch urzeitlich — wie furchtbar hatte Orest darunter gelitten —, aber durch philosophische Durchleuchtung und Interpretation hebt es Sokrates jetzt in das begründende Bewußtsein. Die Dialektik, die Übereinstimmung mit dem Partner durch Frage und Antwort, ist ein wichtiges Mittel, nicht das einzige, noch weniger Selbstzweck. Entscheidend ist die Übereinstimmung mit sich selbst, mit dem eigenen Daimon, die Eudaimonie, die Harmonie. Besser die Leier, der ganze Chor verstimmt, wenn man nur in seiner Seele richtig gestimmt ist. Das Gewissen in der griechischen Nation zu wecken ist Sokrates-Platons Aufgabe in der weltgeschichtlichen Krise (37).

1. Kallikles warnt vor der Philosophie (38—41). Kallikles, nur praktischer Politiker, hat doch von den Sophisten einen wesentlichen Gedanken aufgenommen: die Unterscheidung von Nomos und Physis, von (menschlicher) Satzung und *Natur,* zurückgeführt auf geschichtliche Werdewelt und *Wesen.* Polos habe sich selbst widersprochen, weil er — wie er mit Recht Gorgias vorgeworfen habe — gegen die staatliche Satzung behaupte, Unrechttun sei, wie es häßlicher sei, auch schlechter als das Unrechtleiden. Dieser Einwand klingt in einer Kultur, die auf die Sklaverei aufbaut — was selbst Platon nicht verdammt — überzeugend, dem antiken Geist angemessen. Lieber sterben als sich und den Seinen nicht helfen können. Denn der Natur nach ist auch häßlicher, was unvorteilhafter, also schlechter ist, nämlich das Unrechtleiden. Nur nach der Satzung gilt Unrechttun als häßlicher (483 A). Aber diese Satzungen sind von der Menge, von den Schwachen, Uneinsichtigen gegeben. Sie verlangt die Gleichheit, um das Recht der Stärkeren und Besseren zu unterdrücken (38). Dieses Recht des Stärkeren haben Xerxes und Herkules ausgeübt, und Pindar hat es besungen. (Damit ist tatsächlich ein wesentlicher Gedanke Nietzsches vorweggenommen, doch es wäre eine Ungerechtigkeit gegen Nietzsche, in ihm nicht den Gegensatz zum Ethos des Kallikles anzuerkennen.) Aber er verstärkt diese Lockung nach der negativen Seite hin: die Philosophie verstricke in diese häßliche Machtlosigkeit. Wohl sieht er etwas Edles darin, wenn die Jugend sich damit beschäftige (wie ja das Prinzip von Physis und Nomos zu kennen ihm nützlich scheint). Wer aber noch in späterer Zeit philosophiere, verdiene Prügel (40). Er sei Sokrates freundlich gesonnen, nur darum warne er ihn vor dem unnützen weiteren Philosophieren, denn so werde er hilflos dastehen, wenn ein nichtswürdiger und schlechter Ankläger ihn vor Gericht zöge. Jeder Leser verstand diese düstere Andeutung auf die Hinrichtung des Sokrates. Diese Warnung ist sinnvoll, aber im Tone anmaßend (41).

2. *Es gibt auch schlechte Lüste* (42—54). Kallikles hat sich im Dialog in eine sehr günstige Position versetzt: er hat die gefürchtete dialektische Methode als nutzloses Geschwätz hingestellt, und es ist bloße Gefälligkeit, wenn er sich auf sie einläßt. Und für den Leser hat er das Schicksal des Sokrates wohlwollend und zutreffend vorausgesetzt. Aber um welchen Preis! Vielleicht konnten Alkibiades und später Machiavelli ähnliche Gedanken haben — aber wie konnte ein Staatsmann im „demokratischen" Athen sich öffentlich dermaßen enthüllen — in Gegenwart der Schüler, auf die Gorgias hofft. Diesem müssen sich die Haare gesträubt haben. — — —

Sokrates bedankt sich freundlich, mit überlegener Ironie. Also nur aus Scham gaben Gorgias und Polos nach? Kallikles allerdings sei schamlos: ein um so aufrichtigerer, wertvollerer Prüfer werde er sein. Aber er habe noch nicht recht verstanden, was Kallikles wirklich meine (42). Eine Begriffs-Erklärung ist notwendig. Jener muß zugeben, daß er unter den stärkeren nicht die rohen Kräfte meinte, sondern die einsichtsvollen und tapferen Herrscher. Damit haben sich die Gegner scheinbar sehr genähert (491 B). Aber Kallikles hat nie das Ganze im Auge, und deswegen — nicht weil Sokrates ihm Fallen stellt — gerät er immer wieder mit seiner eignen Darstellung in Widerspruch. Sokrates, immer auf die Eudaimonie im Ganzen, das heißt auf die Analogie des Innen und Außen gerichtet, fragt, ob die Herrschenden nicht vor allem sich selbst beherrschen müssen? Da fährt

Kallikles auf: Nur der sinnliche Genuß, Zügellosigkeit, Selbstsucht seien das wahre Gut — die Unbeherrschtheit ist die Tugend der Herrscher. Er ist der unbedingte Individualist, Egoist, und die echten Tugenden des Herrschers sind ihm bloße Mittel für die gröbste Lust (43—46).

Gibt es eine „logische" Widerlegung? Sokrates versucht den Schamlosen durch Erinnerungen an die mythischen Jenseitsbilder zu erschüttern: von der Friedlosigkeit der Lustgetriebenen, an die löcherigen Fässer der Danaiden, die nie gefüllt werden — ein großartiges Bild der Begierde, die unersättlich neue Begierde weckt (47/48). Kallikles bleibt ungerührt. Da versucht Sokrates noch, die Scham dem Schamlosen aufzureizen. Das Kratzen der Krätzekranken, die niedrigste Unzucht — ob man dabei gut und glücklich sei? Kallikles ist das peinlich. Ob Sokrates sich nicht schäme — doch bleibt er hartnäckig: Gutes und Lust sind eins (49). Nun analysiert Sokrates die Vorgänge bei Stillung des Hungers, zeigt in begrifflicher Zergliederung Widersprüche, um Kallikles zum Eingeständnis zu zwingen, es gebe gute und schlechte Lust. Tatsächlich eine schwierige Frage: man könnte einwenden, Lust als solche bleibe Lust, gleichgültig, ob mit schönen oder häßlichen, guten oder schlechten Mitteln erworben. Ästhetik und Moral sei kategorisch zu trennen. Aber das Gute, anfangs als das dem Individuum Vorteilhafte definiert, schließt in sich, daß der Lustgewinn dem Menschen schaden kann. Auch hat Kallikles zugegeben, daß die Herrscher einsichtig und tapfer sein müssen (491 B). Damit ist der Übergang gegeben zu einer weiteren Fassung des Guten: es gewinnt die Bedeutung des für die Gemeinschaft Vorteilhaften. Zwar möchte Kallikles aus dieser lästigen Untersuchung ausbrechen, aber nun greift Gorgias selbst ein und bittet ihn (wie vorher schon den Polos) um Fortsetzung. Gorgias ist nicht geneigt, für seine beiden Anhänger einzutreten, er ist also bereit, von Sokrates zu lernen. Darin zeigt sich der große Unterschied der klassischen Sophistengeneration von ihren unmoralischen Anhängern in der von ihr erzogenen Generation. Kallikles fügt sich uninteressiert der ihm kleinlich scheinenden Methode (51). Jetzt versucht er seine Niederlage zu verschleiern: es sei ihm nicht ernst gewesen. Selbstverständlich wisse jeder, daß es gute und schlechte Lüste gebe. Polos blieb dabei: Ungerechtigkeit (Unmoral) sei „gut" (individuell vorteilhaft), obwohl sie häßlich sei. Kallikles gibt zu, die Lust könne schlecht sein, obwohl sie schön sei (50—54). Nun muß er auch zugeben: also müsse es zur Unterscheidung der guten und schlechten Lüste einen Sachverständigen geben, einen Technikos (so wie die Heilwissenschaft eine ärztliche Kunst, Techne, ist) (500 A). Wer ist aber dieser Technikos? Nur der Philosoph. Und wenn auch dieser Name die ewige Unvollendbarkeit der Weisheit, der höchsten Erkenntnis (episteme) bedeutet, so hat sich doch im Hier und Jetzt, in dieser Krise, Sokrates als Weisester erwiesen — dieser Sokrates hier, der leibhaft vor ihnen steht, wenn er es auch nicht ausspricht, daß er es ist. Kallikles, der schamlosere, ist gründlicher unterlegen als Polos. Er hat anfangs seine Unbelehrbarkeit, seine Unerschütterlichkeit durch die ehrwürdigen Mythen gründlicher zur Schau getragen und schließlich seine Schamlosigkeit auch den niedrigsten Lustempfindungen gegenüber, wenn auch noch so ungern, eingestanden — und dennoch wurde er von der so verachteten Dialektik überwunden(54).

3. Kultur und Kosmos (55—61). Das Thema Gerechtigkeit und Redekunst scheint abgeschlossen, nachdem es bis auf den Seelengrund und die Staatskunst geführt ist. Noch einmal versichert Sokrates, wie ernst ihm diese Feststellung sei: der Mensch steht vor der Entscheidung zwischen zwei Lebenshaltungen. Doch darf man dies nicht mißverstehen, als ob Platon noch um das Heil der eignen Seele in der Entscheidung stehe — diese ist längst gefallen durch Sokrates' Vorbild, bewährt durch seinen Tod. Aber wirken will er hier im griechischen Volke, um Seele und Staat zu reformieren. Kann er das in Athen? Entweder handeln die

Stadtstaaten weiter in der herkömmlichen Routine (nach verhehltem oder offenem Egoismus) und gehen zugrunde — oder sie wandeln sich auf Grund der Erkenntnis von Gut und Böse, nach neuer echter Philosophie. Das Leben, dessen Ziel die Eudaimonie ist, ist eine Jagd nach dem (Bloß-) Angenehmen — oder nach dem Guten (in seiner Vollständigkeit). Schmeichelwerk — oder echte Techne. Was nun unter zweien dialektisch bewiesen wird, gilt auch für die vielen (56). Es könnte scheinen, als ob Sokrates für die vita contemplativa gegen die vita activa eintritt, Puritaner, Asket, Heiliger werden will. Diese herkömmliche Schwarz-Weiß-Malerei hat, begünstigt durch den Neuplatonismus, Platons Bild bis in die romantische Dichtung, bis in die letzten Lehrbücher der Philosophie hinein gefälscht, mag man ihn als stoischen Moralisten rühmen oder tadeln. Aber er hat Aristipp, den Vorgänger Epikurs, geschätzt und Antisthenes, den Vorgänger der Kyniker, verachtet. Darum soll man gerade an dieser Stelle, an dem gewiß der stoischen Moral nächsten Werk Platons, genau auf seine Worte achthaben. Trotz des Endes-Mythos paßt nirgends die Schablone des Weltflüchtigen, der Lust und Leidenschaft ausrotten will. Mit seiner Philosophie will er im Diesseits Freude schaffen, im Staat Macht erringen. Gewiß muß er im Widerstand gegen die demoralisierte Zeit den Staatsmännern und Advokaten das reine Ethos des Schönen und Guten entgegensetzen, aber die Begierden sollen nicht ausgerottet werden, sondern sich dem Schönen Leben einordnen (57). Eine Redekunst in diesem Sinne existiert damals nicht in Athen, nicht in Griechenland, und doch kann nur durch die Besserung der Menschen der Staat gebessert werden. Sokrates leugnet nicht, daß es echte Redekunst geben könne und solle — aber die jetzige Beredsamkeit ist Schmeichelwerk, oft häßlich. Kallikles kann nicht behaupten, daß ein Redner der Gegenwart oder Vorzeit solchen hohen Anforderungen entspräche. Und Sokrates gibt dem Lüstling zu: wahre Tugend bestehe in der Erfüllung eigener und fremder Begierden (ἐπιθυμιαι) —

aber nur, wenn die Menschen durch sie besser werden. Philosophie ist Leidenschaft nach der Erkenntnis des Schönen und Guten, und darum ist sie eine Form des Eros. Das wird später in Symposion klassisch ausgeführt, aber schon vorher ist in *Charmides* und in *Lysis* der Eros, der pädagogische, lebendig ausgedeutet und leibhaft verwirklicht (58). Da Kallikles keinen solchen Mann zu nennen weiß, gibt ihm Sokrates die hintergründige Antwort: „Du wirst ihn finden, wenn du ihn auf schöne (!) Weise suchst." Wen kann er meinen, den Kallikles finden wird, wenn es ihn doch in Vergangenheit und Gegenwart nicht gibt? — Er steht leibhaft vor ihm: Sokrates-Platon. Wie sich Sokrates denn erst in der Apologie ganz bewährt, zu der ihn Kallikles so gänzlich unbefähigt erklärt — weil er philosophiere! Längst hatte „gut" über die Bedeutung des individuellen Vorteils hinaus auch die des Vorteils der Gemeinschaft mit angenommen: gut ist der Bürger, der dem Staat vorteilhaft beschaffen ist. Jetzt strahlt die Bedeutung ins Kosmische aus, vom Kosmos her zurück. Darum ist das Schöne das Erste, denn welchen Wert sollte der Kosmos haben, wenn nicht die Schönheit, die der Zweck der Schöpfung ist. Deren Bild sind die schönen Künste und Werke. Die Künstler und Werkmeister schaffen nicht ins Sinnlose, Zufällige hinein — sie schauen auf eine Gestalt, ein eidos —, hier sind wir auf dem Wege zur Ideenschau, der mit dem geistigen Auge erblickten Gestalt. Durch diesen seelisch-geistigen Vorgang werden die Mittel (die Stoffe und Teile) aneinander gepaßt und von der Inneren Form her geordnet, bis das ganze Werk wohl gefügt und herrlich gegründet ist. Kosmos, kosmeo, kosmios — darin glänzt die Weltordnung, der Schmuck und die Entsprechung im Menschen, im Mikrokosmos, als „anständig" im hohen Wortsinn, sittlich — ein Vorblick auf die *Timaios*-Schau, die erhabene hellenische Theodicee. Diese zugleich zum Bestehen notwendige Gefügtheit durch Taxis und Harmonie offenbart sich in der Baukunst. Systema, die Gründung, die sich besonders auf die Verfassung beziehen kann. Demiurg, was Werkmeister, auch einfacher Handwerker bedeutet, aber im *Timaios* den Schöpfer-Gott benennt, der, weil er der Beste ist, nur das Schönste schaffen kann. Diese große Sicht wetterleuchtet schon hier. Dies alles durchklingt makrokosmisch-mikrokosmisch diese wenigen gründenden Sätze. Im *Leib* ist diese Ordnung (taxis) die Gesundheit, in der Seele das *Gesetz*, Nomos[13], das Gerechtigkeit und Besonnenheit wirkt (59).

Diesem Gegensatz der Besonnenheit zu der von Kallikles gepriesenen Zügellosigkeit verleiht Sokrates großes Gewicht durch den so bedeutenden Vergleich mit Gesundheit und Krankheit des Leibes. Die zügellose Seele ist krank, sie muß in enthaltsame Diät, in Strafe genommen werden – nur die kranke Seele muß sich der Leidenschaften enthalten. Kallikles muß hier die gegen ihn gerichtete Spitze fühlen. Als Sokrates zuschlägt: also muß die zügellose Seele gezüchtigt werden, hat er genug. Er verstehe nicht mehr, möge Sokrates doch einen andern fragen. Darauf folgt der schärfere Hieb: dieser Mann wolle nicht gezüchtigt, nicht gebessert (also nicht glücklicher) werden. (Diagnose: unheilbar.) Wieder bricht Kallikles aus: Alles, was Sokrates sage, gehe ihn nichts an. Nur Gorgias zu Gefallen habe er bisher geantwortet. Sokrates ist bereit, das Gespräch abzubrechen – und doch tut es ihm leid[14]. Niemand will sich dazu hergeben, kein Wunder nach solcher moralischen Züchtigung (60). Aber wieder verlangt Gorgias, ohne auf seine beiden Anhänger Rücksicht zu nehmen, daß Sokrates für sich allein den Logos zu Ende führe, obwohl er weiß, daß jener auch *seine* Rhetorik schwer treffen wird. Wir hören von Sokrates sehr wichtige Dinge über Bedeutung und Grenzen seiner dialektischen Kunst. Daß er sie in sich selbst vollziehen kann, sich gleichsam in zwei Partner teilend, hatte er schon im *Protagoras* gezeigt. Aber auch im längeren Vortrag hatte er sich dort und hier, obwohl es seiner Methode zu widersprechen schien, den größten sophistischen Rednern als überlegen gezeigt. Hier weist er auf die später meist angewandte Methode: er spricht im Zusammenhang — die Hörer sollen ihm widersprechen, und er ist dankbar, wenn sie ihn eines Besseren belehren. Jede Rechthaberei ist ausgeschlossen: es gilt nur, worin Lehrer und Hörer übereinstimmen. Aber die eigentliche Dialektik, das wechselnde Befragen und Antworten zweier Partner tritt, sobald man sich über die Grundbegriffe geeinigt hat, hinter den überwiegenden Lehrvortrag zurück (61).

4. Klärende Zusammenfassung und wahre Redekunst (62—70). Sokrates faßt das Ergebnis zusammen, indem er es klärt. Noch einmal: Begrifflich muß Angenehm (Süß) vom Guten (Vorteilhaften) geschieden werden, aber es sind nicht Gegensätze. Höchster Wert ist das Schöne Leben, das in seiner Vollendung das Angenehme, Lust und Freude enthält, Gegensatz das Häßliche Leben, das das Gute der häßlichen Lust aufopfert. Gut sind wir durch Anwesenheit einer Tugend, Tüchtigkeit, Arete. Diese kommt der Seele, dem Leibe — und auch den Dingen zu, wenn diese zweckmäßig als Mittel des Schönen Lebens beschaffen sind, damit alles sich dem harmonischen Kosmos einordnet. Sphärenmusik. Die Schönheit wird nicht von ungefähr erlangt, sondern durch Kunst, Richtigkeit, Ordnung, durch kosmische Harmonie in allem. Der Mensch, der diese Ordnung analog in sich darstellt, ist sophron, besonnen. Er tut, was Göttern und Menschen geziemt — gegen Menschen gerecht, fromm vor den Göttern[15]. Der Gute handelt schön, wird selig und glücklich (62). Dagegen kennt der zügellose Egoist nicht Gemeinschaft, nicht Freundschaft: er lebt wie ein Räuber. Kallikles verstehe die kosmische Ordnung nicht, weil er keine Meßkunst, keine Geometrie verstehe. Hat sich vorher die Proportionslehre schon für die Tafel der durch Wissen begründeten Künste und der Schmeichelwerke dienlich erwiesen (462 D — 465 C), so wird sie nun mehr zur bloßen Metapher, denn durch echte Analogie ist sie Hilfsmittel für Ethik und Staatsverfassung (63). Noch einmal: Unrecht tun ist schlimmer als Unrecht leiden — ob auch jemand ungerecht mißhandelt und getötet wird oder Räubern in die Hand fällt. (Diese Zusammenstellung enthält eine versteckte Züchtigung seiner ungerechten Richter.) Das glaube er durch stählerne Beweise versichert zu haben — nein, auch er könne irren, aber bisher fand er keinen Gegner, der sich nicht lächerlich machte (64). Um sich gegen Unrechtleiden zu schützen, müsse man selbst Tyrann sein oder Genoß der bestehenden Staatsverwaltung. — Da ist Kallikles, der sich eben schon wieder zur Teilnahme locken ließ — noch übersieht er die Folgerungen nicht —, begeistert (65). Freundschaft aber entsteht nur unter Gleichen. Ein roher, ungebildeter Herrscher sucht Gleiche, nicht Bessere, nicht Schlechtere. Wer sich ihm angleicht, muß wirklich schlecht und ungerecht werden. Kallikles kann nur den Einwand wiederholen: wer sich dagegen sträubt, wird getötet. Sokrates kann nur wiederholen: dann ist der Getötete gerecht, der Mörder ein Verbrecher. Für Gerechtigkeit hat Kallikles kein Verständnis — da beginnt Sokrates einen anderen Gedankengang: Mut oder Feigheit (66). Auch ein Steuermann erhalte durch seine Kunst vielen Menschen das Leben. Für eine Fahrt von Aigina nach Athen bezahle man zwei Groschen, und weder der Steuermann noch die Fahrgäste sehen darin etwas Besonderes. Wisse doch auch niemand sicher, ob die Erhaltung des Lebens ein Glück sei (67). Alle die Technikoi, die Festungsbaumeister, ja selbst die Ärzte (also die Träger der Wissenschaft), werden nicht besonders hochgeschätzt — nur die Staatsmänner. Sokrates verlangt, daß man, ohne an die Gefahr zu denken, auf Gott vertraue: Weisheit heiße, den Tod nicht als Übel fürchten. Die von Kallikles begehrte Macht wird der Zaubermacht der Thessalischen Hexen verglichen: sie holen wohl den Mond auf die Erde, aber sie müssen dafür ihr Liebstes opfern[16] (68). Kallikles (also als feige entlarvt), der so oft als „ganzer Kerl“ Verehrte, ist nun wirklich erschüttert, er ist beinahe überzeugt. Nur der Wunsch, sich dem Demos beliebt zu machen, steht ihm noch entgegen. Noch einmal: es gibt zwei Arten, Seele und Leib zu pflegen: den schmeichelnden Verkehr nur um der Lust — oder den Krieg um des Guten willen: ὁμιλεῖν, Umgang, und διαμάχεσθαι, Entscheidungsschlacht, stehen im Gegensatz. Krieg und Schlacht waren die Anfangsworte des Dialogs, jetzt führt die Entscheidungsschlacht über das Gute zum Ende, auf das immer wieder die Rede anspielt: Unbekümmert um die Richter, die flehende Schmeichelei des Angeklagten hören wollen, denkt er auch vor Gericht und vor dem Tode allein an das Gute bei Volk und Freunden. (Seltsam, daß die Übersetzer meist den konkreten Sinn beider griechischen Worte auslöschen.) — Alle Männer, die öffentlich in ihrem Beruf wirken wollen — Baukunst, Tempelbau, Heilkunst —, werden zuerst nachweisen, daß sie gute Lehrmeister hatten oder gute Werke vorweisen können (69): so muß auch Kallikles — nach allem, was er zugegeben hat — für den Beruf als staatlicher Redner nachweisen, daß irgendein schlechter Mensch, sei es auch nur ein Sklave, durch ihn gut geworden ist. Kallikles kann nicht wieder den Ernst bezweifeln: er ist in seiner Existenz geschlagen. Er kann nur ausweichen: „Du bist streitsüchtig."

5. *Abrechnung mit Athen* (71—78). Von dieser echten Redekunst, der philosophisch-gegründeten, wissen Polos und Kallikles nichts — niemand außer Sokrates besitzt sie. Sein Prozeß hat es bewiesen, und Platon fürchtet jetzt, daß mit diesem jede Aussicht auf die Reform Athens geschwunden ist, denn während Perikles' langer Regierung ist das Volk politisch entartet. Ja, er scheut sich nicht zu sagen, er habe gehört: Perikles habe (durch die Einführung des Soldes für die Volksversammlung, für das höchste Gericht) die Athener „zu einem faulen, feigen, geschwätzigen, geldgierigen Volke" gemacht! (71.) Er war ein Hirt, der seine Herde verwildern ließ. Die Staatsmänner sind schuld, denn die Menge hat keine eigene Verantwortung. Jenen stand weder die wahre Redekunst zu Gebote (sonst hätten sie das Volk gebessert) noch die Schmeichelrede (sonst hätten sie ihre Verurteilung verhindert) (72). Kallikles wendet abwegig ein, die damali-

gen Staatsmänner seien tüchtiger gewesen als die gegenwärtigen. — Selbstverständlich: Als Diener des Staates konnten sie besser Mauern, Schiffe bauen — aber die Bürger bessern, wie es Turnlehrer und Ärzte tun? Das sei das Notwendige. Kallikles stelle gleichsam statt der Turnlehrer tüchtige Bäcker, Köche, Weinhändler vor, die doch nicht wissen, was den Leib gesund hält (73). Gerade die berühmten Staatsmänner, die nur an die äußere Macht Athens dachten, seien schuld am gegenwärtigen Unglück, für das man einst vielleicht ihn, Kallikles, und Alkibiades haftbar machen würde. — Wenn wir uns wundern über die ersten ungerechten Vorwürfe gegen jene Großen, so werden diese noch übersteigert. Die Früheren haben die Hauptschuld an der Krankheit, die so viel später zum Ausbruch kommt. Dann doch wieder: kein Staatslenker könne sich beschweren über Unrecht, das er vom Staat erfahre, denn solange er diesen lenkt, kann ihm kein Unrecht von ihm geschehen, sowenig ein Sophist sich beklagen könne, daß ihm ein Schüler den Lohn vorenthielte — beansprucht er doch dafür bezahlt zu werden, daß er diesen gerecht gemacht habe (74). Kallikles versteht nicht, daß man diese Sophisten, die für Geld Weisheit und Tugend lehren, ernst nehmen könne. Jenen Sophisten wirft Sokrates vor, daß sie für Geld lehren, denn wer das Gute lehrt, empfängt von den Gebesserten Dank für diese Wohltat zurück. Der Vorwurf trifft nicht Gorgias und Polos, die ja ausdrücklich nur Beredsamkeit, ein bloßes Mittel, nicht Weisheit lehren. Aber einen guten Rat erbittet Sokrates auch von Kallikles, der sich als aufrichtig und wohlwollend gab. Solle er dem Staat dienen wie ein Arzt, um das Volk zu bessern — oder wie ein Diener um seiner Gunst willen? „Wie ein Diener", rät Kallikles. Kallikles hat nichts aufgenommen: er soll dienen — als ein Schmeichler — ja als niedriger Sklave . . . Sokrates ergänzt dies nach dem oft Gehörten: „sonst wirst du sterben" (76). Das Thema scheint zu wechseln, bleibt aber im Grunde eins: die Ungerechtigkeit Athens, der entarteten Demokratie. Sokrates ahnt wirklich seine Hinrichtung. Hier setzt er dem Gespräch den Kopf auf: Wie die Kinder einen Arzt hinrichten würden, der sie quälen mußte, und dem Koch mit seinen Leckereien zujubeln (77).

Sokrates vergleicht die Volksversammlung, seine Richter, den unmündigen Kindern. Aber wenn er dabei hilflos sei, weil ihm die Schmeichelrede fehle, so könne er doch den Menschen helfen, vor Gott und Menschen nicht Unrecht zu tun. Sterbe er, weil er dabei versage, so würde ihn der Tod tief schmerzen. Sterbe er aber aus Mangel an Schmeichelrede, würde er den Tod leicht ertragen. Das ist sein letztes Wort im eigentlichen Zwiegespräch, wie es der Sinn der *Apologie* ist, und danach ist der Sinn dieses Zwiegespräches zu beurteilen. Man sagt wohl, es ginge nicht um die Rhetorik, sondern um Gerechtigkeit. Aber Themis und Dike und die Olympischen Götter des Rechtes waren doch jedem bekannt: wer unrecht urteilte, gab sich meist den Schein des Rechtes. Dagegen das Gewissen zu wecken, das war damals die dringende Aufgabe des Sokrates. Er glaubte, nicht viel zu wissen, aber er wußte, auch einfältiges Wissen reicht meist aus, Gewissen, Verantwortung zu wecken. Die Herzensträgheit, nicht die Unwissenheit seiner Richter rügt er. Durch Selbstbesinnung, durch Erschütterung wird das Gewissen aufgestachelt, wie das Roß durch den Sporn, und hier im *Gorgias* auch durch die Schau auf den Kosmos, auf seine Schönheit und Ordnung. Die Selbstbesinnung führt zur philosophischen Erkenntnis und damit zur wahren Redekunst, welche die verderbliche Schmeichelrede vertreiben muß, die gegenwärtige nationale Gefahr. Also ist die Rhetorik doch eng mit dem Hauptthema verknüpft.

ENDESMYTHOS UND SCHLUSSWORT (79—83)

Der Sokrates der *Apologie* ließ offen, ob die Seele nach dem Tode weiterlebt, jetzt ist er davon überzeugt und dichtet den Endes-Mythos in den Vorstellungen der Orphiker. Ist dieser ganz wörtlich zu nehmen, daß die nackte, die leiblose Seele des Minos ein goldenes Zepter in der Hand hält? . . . Auch Sokrates und Platon haben in Athen die Aufklärungszeit, die des Anaxagoras und Demokrit, die der Sophistik miterlebt, und nun erleben wir auch die Krise des Mythos im *Gorgias* mit . . . Man nennt die vorangehenden Dialoge die aporetischen, ausweglosen und wundert sich, wie unbedingt und unwidersprechlich das Zwiegespräch hier schließt. Aber fast möchte man paradox sagen: dies ist das aporetischste aller Gespräche. Wenn die früheren auch die lösende Formel noch nicht ausdrücklich fassen, so erkennt, wer die Gestalten mit geistigem Auge erblickt, das Wesentliche: in Laches die Tapferkeit, in Charmides die Sophrosyne, in Sokrates Weisheit, die tiefer ist als die sophistische. Aber bei manchen Unbedingtheiten und Überspitzungen zweifelt man. Die Beweise klingen schlüssig, der Widersprechende gibt nach — aber ist er überzeugt? Und Sokrates scheint zu wissen: niemand ist ganz überzeugt. Und doch — welche Rettung ist möglich, wenn Nihilismus und Selbstsucht in der Gemeinschaft siegen? Hat es Sinn, gerecht zu sein, wenn der Gerechte ausgestoßen wird? Wie kann man den kategorischen Imperativ begründen? „Logisch" offenbar nicht. Nur der Mythos kann helfen: Sokrates droht mit Hadesstrafen.

Was gilt damals ein Mythos? Ein Märchen, wie es die Ammen erzählen. — Heute geht die Wissenschafts-Legende, durch die Philosophie sei der Mythos vertrieben. Als ob nicht Parmenides einen Mythos gedichtet hätte, der mittelbar noch aus Dantes Werk herrlich strahlt. Auch aus höchster Philosophie kann der Mythos blühen. Erst die sophistische Aufklärung, deren Anführer Xenophanes ist, hat mit ihm aufgeräumt. Das ist die Lage in Platons Frühdialogen, denn noch weiß er nicht, daß er in der *Apologie* den hohen geschichtlichen Mythos aufgerichtet hat. Andere Wurzeln tragen später den Mythos: im *Symposion, Phaidros, Timaios.* Aber hier im *Gorgias* steht Platon noch auf schwankendem Boden: noch wagt er nicht den erlebten und gedichteten Mythos und hält sich an die orphischen Vorstellungen. Er weiß, das glaubt heute kein Athener, dennoch nennt er es wahr.

Zeus hat drei Söhne zu Richtern bestellt, die Seelen der Gestorbenen zwischen Hades und Elysium zu verteilen. Viele Irrtümer geschahen, weil die Seelen noch beim Sterben, in Leib und Kleid, gerichtet wurden. Darum ordnet Zeus an, daß sie vor dem Urteil ihrer Leiber entkleidet werden. (Die Entkleidung des Leibes und der Seele hat in Platons Geist Bedeutung: Nacktheit als unbedingte Echtheit gegenüber dem Schein[17].) Mit einer großen Mahnung an alle, mit einer Drohung an Kallikles, deren Pathos und Zorn nicht überhört werden kann, schließt der Mythos. Die beiden fast christlichen Dialoge sind *Gorgias* und *Phaidon.* Dieser wird die Läuterung der Seele in der allmählichen Entfernung vom Leiblichen darstellen, jener droht mit der individuellen Vergeltung im Jenseits: auch Kallikles wird seiner Strafe nicht entgehen (80–82).

Es wurde üblich, Logos und Mythos auch in Platons Werk als sich ausschließende Gegensätze, wie Logik und Erfindung, zu sehen. Jetzt finden wir eine wichtige Stelle für diesen Übergang, diese Krise. In großer Erregung durch diese eschatologische Vorstellung scheint Sokrates von einer Vision besessen gewesen zu sein. Am Ende wendet er sich beruhigter davon ab und gibt zu (ähnlich wie später im *Phaidon),* daß dieser für wahr gehaltene Mythos kein Beweis sei. Heute aber gelinge es noch keinem, etwas Besseres zu finden. Aber auch der Mythos ist logos, sinngemäße Erzählung. Wohl entwickelt sich in der Dialektik die Kunst der Unterscheidungen, der Aufweis der („logischen") Widersprüche beim Partner. Der logos, das zielgemäße Zwiegespräch gewinnt eine zwingende Gewalt (erst Aristoteles entwickelt die Analytik als eigene Disziplin), aber widersprechen soll sich auch der Mythos nicht. Noch ist an dieser Stelle von keiner Trennung die Rede, aber deutlich wurde: Wo vom Höchsten die Rede ist, langt die rationale Rede nicht zu – da bedarf es des Mythos[18]. Sokrates faßt kurz das Ergebnis zusammen und wendet sich abschließend in etwas milderem Ton an Kallikles. Nicht Erkennen, sondern Tun ist das letzte Ziel: alle wollen sie nun herzurufen, Geselligkeit und jede Tüchtigkeit überhaupt zu üben. Kallikles habe zum anderen Wege, zur verantwortungslosen Anpassung geraten: „Aber dieser logos ist ganz untauglich, Kallikles!"

ZEITGESCHICHTLICHE BEZIEHUNG

Der Reiz vieler Dialoge, besonders beseelt durch Vorspiele, entsteht aus der Analogie des Geschichtsjahres, in dem der Dichter das Gespräch spielen läßt, zum Jahr, in dem er es verfaßt. Denn darin trifft sich seine Kunst mit dem Wesen jener Zeitepoche, daß er das geschichtliche Geschehen überzeugend darstellen kann und trotzdem durch die schon angelegte Beziehung auch sein eigenes, späteres Erlebnis mit wiedergibt. Hier soll nur berührt werden, was der Interpretation des Dialogs dient. –

Nicht viele Dialoge enthalten so deutliche Hinweise auf bestimmte Jahre des vorgestellten Geschehens wie der *Gorgias*, zwei unverkennbare – nur leider liegen sie mehr als zwanzig Jahre auseinander. Die Erwähnung, Perikles sei kürzlich gestorben, paßt gut zum Jahr, in dem Gorgias wirklich als diplomatischer Gesandter aus dem sizilischen Leontinoi in Athen war, 427, wo er Athens Hilfe gegen Syrakus erbat. Er hatte als Persönlichkeit und größter Redner Erfolg. Nach der strengen klassischen Form des Perikles wirkte der anmutige, rhythmisch gegliederte Redestrom, der geistreiche Schmuck, der musikalische Klang bezaubernd.

Auch der politische Erfolg blieb nicht aus. Athen unternahm eine Expedition, die aber erfolglos abgebrochen wurde. (Nicht die furchtbare Katastrophe der von Alkibiades veranlaßten Unternehmung von 415.) Also die Berichte von diesem Besuch müssen Platon vorgeschwebt haben. Gorgias im Hause des Kallikles, das gab eine Parallele zu Protagoras im Hause des Kallias kurz vor dem Ausbruch des Peloponnesischen Krieges, etwa 432: also Gespräche mit den beiden größten Sophisten, der eine als Weisheitlehrer, der andere nur noch Redner und Rhetorik-Lehrer. — Dagegen erzählt Sokrates auch, daß er im vorigen Jahr als Prytane beim Feldherrnprozeß die Stimmen sammeln mußte und sich dabei lächerlich machte. Dann müßte der Dialog 405 spielen[19]. Wir haben die Wahl: Athen steht auf der Höhe der Macht — oder gleitet in die tiefste Katastrophe. Sokrates ist zweiundvierzig- oder vierundsechzigjährig, Gorgias etwa sechsundfünfzig- oder achtundsiebzigjährig. Alkibiades ist offenbar anwesend (482 A), ist aber bei der Arginusenschlacht nicht mehr am Leben. Großzügig hat man diese großzügigen Widersprüche als poetische Lizenz gedeutet, bei der man sich nichts denken solle. Was aber kann Platon zu einer so kunstfeindlichen Nachlässigkeit veranlaßt haben? Hier ist doch mehr als sonst — das I. Buch des Staates ausgenommen — nach einer getrennten Entstehungszeit zu fragen. Die erste Zahl entspricht offenbar der dichterischen Konzeption, in der wir uns die ganze Zeit bewegen. Daß Gorgias 405 bei Beginn der Katastrophe zu Vorträgen in Athen weilte, ist wohl ausgeschlossen. Bemerken wir dazu, daß mehrere Forscher den *Gorgias* an den Anfang, den *Protagoras* mehrere Jahre später stellen und daß kürzlich Robert Böhme den Beweis dafür erbracht zu haben glaubt, so wäre folgende Reihenfolge zu erwägen: Beide Dialoge gehören unverkennbar nahe zusammen[20]. Die Methode, den Partner in die dialektische Methode zu verlocken oder sich selbst in zwei Partner zu zerlegen, um die Methode verständlich zu machen, entspricht sich so genau, daß man von einer Wiederholung sprechen könnte. Also Platon schrieb zuerst einen *Gorgias*-Dialog, ließ ihn dann zugunsten des *Protagoras* liegen. Mit ihm setzt die Reihe der heiteren, siegesbewußten Kunstwerke ein: Platon spürt seine Wirkung auf die Jugend, die Überwindung der sophistischen Lehrer: im *Jon, Hippias, Laches, Charmides, Lysis.* Und als ewiges Wahrzeichen: *Apologie* und *Kriton.* Dem entspricht in der *Apologie* der Hinweis Platons auf sich selbst: Sokrates verkündet, nach seinem Tode würden die Jünger kommen, die ihnen um so schärfer zusetzen (39 C, D). Woher nun die Krise, aus der die Bitterkeit und Unbedingtheit des *Gorgias* aufbricht?

Denn darin stimmen die meisten Forscher überein, daß dieser Dialog am Ende der Reihe vor der großen Reise, die er (390 oder) 389 antrat, veröffentlicht wurde. Auch Wilamowitz, dem man in der chronologischen und historischen Sicht auf Grund der überraschenden Fülle seines realen Wissens und seiner Sprachkenntnis am meisten trauen darf, hat dies vertreten. Woher sonst der Zorn? „Der Grimm über den Justizmord an seinem Meister", wird meist geantwortet. Neun Jahre nach dem Tode, wohl acht Jahre nach der erhabenen Gelassenheit in *Apologie* und *Kriton?* Der *Kriton* war zugleich das Versprechen, nichts Gewaltsames gegen Athens Verfassung zu unternehmen. Und gerade im *Gorgias* war oft betont, nur der Tor sehe im Tode ein Unglück. Nein, Wilamowitz hat auf den wesentlichen politischen Grund hingewiesen: den Zorn über die jammervolle Politik des Korinthischen Krieges. Während Agesilaos in Kleinasien die Perser bekriegte, die hellenischen Städte Kleinasiens schützte, begann 395 der Bund den Krieg gegen Sparta. 394 errang Konon, der attische Feldherr, den Seesieg bei Knidos über Spartas Flotte, im Bunde – nein im Dienste des Persers, als Admiral des Satrapen Pharnabazos. Nun baute man Athens Mauern mit persischem Gelde wieder auf, gegen den Friedensvertrag. Schon gegen Xerxes hatten die Mauern nichts geholfen, aber Sparta war durch ihren Wiederaufbau gereizt. Athen war wie im Rausch: es glaubte an ein zweites Seereich, Spartas Überwindung. Konon wurde als Neugründer Athens gefeiert. Platon war kein Pazifist — aber die nationalen Kräfte, von Ephesus bis Syrakus, wollte er im Frieden versöhnt in Gegnerschaft gegen Persien: jetzt war es allerhöchste Zeit zur Versöhnung aller Hellenen. Aber wer bändigt die zur Machtgier gereizten Massen? Wer zum Frieden mit Sparta riet, wurde als Lakonist verfolgt[21]. Der Krieg wurde fortgesetzt, Agesilaos mußte Kleinasien verlassen und verwüstete Mittelgriechenland mit grausamer Strenge. Griechenland zerfleischte sich sinnlos wie in Fortsetzung des dreißigjährigen Krieges. Athen durfte sich nicht beschweren, wenn Antalkidas, Spartas Feldherr, den Spieß umdrehte und sich mit dem Großkönige verständigte. Noch setzt sich der sinnwidrige Krieg, in dem Platon keine politische Tätigkeit ausüben konnte, einige Jahre fort. In dieser Zeit verläßt er im Zorn Athen und tritt seine große Reise an.

Als Sokrates berichtet, was er von andern über die Verderbnis der Athener durch Perikles gehört habe, wendet Kallikles sofort ein: das habe er von den Lakonisten gehört (515 D). Sokrates beschränkt sich, ohne darauf einzugehen, auf das, was jeder wisse. Bald danach aber wiederholt er dies angeblich Gehörte nur noch gesteigert. Es heißt: „Sie hätten die Stadt zu ihrer Größe erhoben, daß sie aber nur aufgedunsen und innerlich vereitert ist durch das Verfahren jener Alten, das merkt man nicht. Denn ohne Besonnenheit und Gerechtigkeit haben sie nur mit Häfen, Werften, Mauern, Zöllen und dergleichen Possen die Stadt angefüllt . . .“ (518 E — 519 A). Wie soll Platon das fast vierzig Jahre nach Perikles' Tode zu dessen Herabsetzung sagen. Jeder Athener wußte, daß Konon gemeint sei (dessen Name zu anachronistisch gewesen wäre[22]. Das soll Platon dem Volke, das im Existenzkampf steht, ins Gesicht gesagt haben, ohne sofort in Haft genommen zu sein, um vermutlich hingerichtet zu werden? Welchen Sinn hätte das gehabt? Es scheint handgreiflich, daß der *Gorgias* erst veröffentlicht wurde, als das Schiff, das ihn nach Ägypten trug, die Anker gelichtet hatte. Wie steigert dies Pathos die Lebendigkeit der oft wiederholten Hinweise auf den Sokrates-Prozeß.

Platonisch denken heißt, aus Seelengründen verstehen. So mag Wilamowitz diese politische Erklärung nur so kurz angedeutet haben, ohne sie folgerichtig zu deuten, weil er sich im Zusammenhange diesmal zu früh an die seelische, subjektive Interpretation wendet. Niemand scheint vermutet zu haben, daß Platon *vor* Veröffentlichung des *Gorgias* Athen verlassen *mußte*. So deutet Wilamowitz den *Gorgias* als ein Ringen um das individuelle Seelenheil, als eine „Absage an die Welt", eine Askese des Einsiedlers[23]. Sollte wirklich Platon nach der Bewährung des Sokrates, nun selbst sich dem vierzigsten Jahr nähernd, noch im Eigensten derartig geschwankt haben, daß er seine Seelenkämpfe in einem starken Buch öffentlich darlegen mußte? Wir brauchen nicht zu grübeln, da wir Platons großartiger Selbstinterpretation, dem VII. Brief, mehr vertrauen dürfen als modernen Konstruktionen. Er hat sich vor der Reise überzeugt, daß alle Verfassungen verdorben sind, nahezu unheilbar ohne göttlichen Eingriff, der nur durch das Mittel der Philosophie wirken kann: die wahren Philosophen (also Platon) müssen Herrscher werden, oder ein Tyrann (vielleicht Dionysios von Syrakus) muß Philosoph werden (325 C — 326 D). Philosophie ist für Platon schöpferische, gestaltende Kraft, Idee des Guten und Schönen. Zweifellos dürfen wir, was er hier von der zweiten sizilischen Reise schreibt, auf seine ganze Wirkungszeit beziehen: Wenn er in der Akademie weiter theoretische Philosophie betriebe statt Dion in Syrakus in der Reform Siziliens zu helfen, hätte er die Philosophie verraten und wäre überhaupt nur noch Wort, logos, geblieben! (328 C — 329 B.)

Als Platon aufbrach, brach er durch den *Gorgias* die Brücken hinter sich ab. Offenbar hoffte er, seine nationale Politik, die panhellenische, von Syrakus aus durchführen zu können. Er kehrte nicht freiwillig, sondern zwangsweise in die Heimat zurück — aber er ist später überzeugt, damals den Grund zum Umsturz in Syrakus gelegt zu haben (326 D — 327 C).

Doch mußte noch etwas Persönliches dazukommen, diesen Zornausbruch zu erklären. Noch einmal, am Ende des Hadesmythos, schwillt das Pathos an: diesmal gegen Kallikles persönlich. „Wenn du vor den Richter trittst, den Sohn der Aigina, und dieser dich greifen läßt, wirst du dort den Mund aufsperren und dir wird schwindeln — und vielleicht wird einer dir schmählich einen Backenstreich versetzen und dich in jeder Weise beschimpfen!" Das sind dieselben Worte, die Kallikles auf Sokrates angewandt hatte (486 B, C). So wird es als wohlverdiente Antwort gedeutet. Aber warum? Kallikles hat nicht gedroht, sondern gewarnt: gewiß anmaßend, plump, aber doch aufrichtig wohlwollend. Er nennt den künftigen Ankläger einen ganz schlechten Mann und rät Sokrates zu dem Wege, den er auch für sich selbst als besten wählt. Sokrates gibt ihm recht: so werde es ihm vermutlich einmal geschehen, aber er müsse es eben auf sich nehmen. Woher jetzt dieser Anruf, der mehr einer Verfluchung als einer Warnung gleicht, ja fast einer verzweifelten Rachsucht. Offensichtlich ist nicht Sokrates mehr der Redende — in diesem Zusammenhang spricht Platon aus eigenem Erlebnis! Es hätte schon auffallen müssen, daß die auf Sokrates' Prozeß gerichtete Voraussage in vielen Sätzen nicht auf ihn paßte. Auch ohne rhetorischen Unterricht war die Rede der Apologie höchst überlegen, gelassen, eindrucksvoll, eben nur so selbstbewußt und aufrichtig, daß sie dadurch die Richter verletzte. Aber vorher hatte Kallikles die Philosophie verhöhnt, weil sie den Mann untüchtig, unmännlich mache: Wer sich später mit ihr befasse, verdiene Schläge. „Wenn er auch wohl veranlagt ist, muß ein solcher Mann dennoch unmännlich werden, da er die Hauptplätze der Stadt und ihre Märkte meidet, auf denen doch nach dem Dichterwort die Männer sich hervortun, und es ist sein Schicksal, untergetaucht in einem Winkel, wo er mit drei oder vier hübschen Knaben wispert, sein übriges Leben zu leben, ohne daß jemals ein frohes, großes, kühnes Wort aus seinem Munde tönt." (485 D.) Welche Beziehung hätte das zum stadtbekannten Bilde des Sokrates?! Das geht gegen Platon. Wie froh war er aufgestiegen bis zum *Lysis*. Wie stolz ist er sich im VII. Brief (328 C, D) bewußt, daß er es ist, der – wenn er auch nicht Heere zur Verfügung hat, doch – die Macht hat, Freundschaften, Gemeinschaften zu stiften (328 E). Aber jetzt, im Korinthischen Kriege, war ihm in Athen jede Wirkungsmöglichkeit unterbunden: da konnte dies Bild schon stimmen. Aber um wieviel mehr mußte es dann dieses „Ungetüm von Stolz" beleidigen! (Nietzsche.)

Kallikles ist eben Kallikles, der in die nächste Umgebung Platons, nicht des Sokrates gehört, wenn er auch über dessen philosophische Bewegung sicher mit Platon gestritten hat. Wenn es allgemein bekannt ist, daß er den Demos, Platons Stiefbruder, den Sohn des Pyrilampes liebt, so verkehrt er also in der Familie Platons[24]. Es wäre sinnlos, jahrelang nach Sokrates' Tode Kallikles diese Ermahnung an Sokrates anzudichten, aber wie handgreiflich wahrscheinlich, daß Kallikles so zu Platon gesprochen hat, im Korinthischen Kriege. Seine früheren, die Athener beeindruckenden Dialoge (würde er sonst diese Reihe in so frohem Tone geschrieben haben?) waren jetzt ganz wirkungslos. Es scheint sehr verständig, wenn Kallikles ihm dringend rät, sich dem Geist der Zeit anzupassen, als Athener der vornehmsten Familien politisch zu reden, wie sich doch selbst der berühmte Isokrates angepaßt hatte, Macht und Reichtum zu erwerben. Auch Platon war ein Mensch, begehrte Macht und Erfolg. Wie hätte er nicht die Versuchung fühlen sollen. Eben weil er sie stark fühlt, muß er so gewaltsam sich dagegen wehren. In dieser Gesinnung mußte er die überhebliche Mahnung eines so unbedeutenden, so erfolglosen, charakterlosen Mannes wie Kallikles als einen tatsächlichen Schlag ins Gesicht fühlen.

Nur mit Resignation und Weltflucht hat diese Gesinnung nichts gemein. Durchaus grundlos ist es doch wieder nicht, daß der Immoralist und scheinbare Herrenmensch Kallikles bis heute der Menge imponiert, sagt er doch tatsächlich Worte (bloße Worte), die wie aus Platons Herzen klingen: die vom Löwenjungen (484 A). „Wenn aber ein Mann ersteht von zulänglicher Natur, der schüttelt das alles ab, zerbricht es und ist frei, indem er alle unsere Verträge, Gaukelwerke, Zaubersprüche, alle widernatürlichen Gesetze zu Boden tritt. So erhebt er sich, der Knecht, und offenbart sich als unser Herr, und dann leuchtet hervor das Recht der Natur." Solche Löwennatur, aber im Maß der Gerechtigkeit, im Dienst des Schönen und Guten — das wäre auch im Sinne Platons. Steht es doch schon im *Kriton*, daß die Menge nicht gut, nicht übel, weil nicht vernünftig, handeln kann (44 D). Nur der von Natur große Mann kann sehr Gutes und sehr Böses tun, je nachdem, in welchen Boden er verpflanzt wird: er braucht den Löwen in sich, der aber durch den Geist gebändigt werden muß (Politeia 588 D — 590). Daß Platon Verbindung zum Tyrannen Dionysios aufsucht, beweist, daß er auch in der Zwischenzeit nicht anders gesonnen war. Der Platon, der nur ans Jenseits denkt und aufs Diesseits verzichtet, ist eine fromme Legende. Wenn er nicht in Athen national wirken kann, so geht er nach Syrakus, um hier, wo der Tyrann Griechentum gegen Karthago verteidigt, den nationalen Einsatzpunkt zu finden.

Der Zorn gegen Kallikles vereinigt sich mit dem Zorn gegen Athen: sie gelten ihm eins in der Verzweiflung, daß er in seiner Sendung, Griechenland geistig und politisch zu erneuern, zu scheitern droht. Daß dieser göttliche Auftrag, mit den Bürgern über die Tugend zu reden, sein höchstes Gut sei, hatte Sokrates schon in der *Apologie* (38 A) gesagt. Um den *Gorgias* aus diesem Zusammenhange zu verstehen, ist noch ein Blick auf Platons Heimkehr und Versöhnung mit der Vaterstadt nötig. Platon war über Ägypten und

Unteritalien nach Syrakus gekommen. Dionys I. zog ihn an seinen Hof, denn er war ein Verehrer der hellenischen Kultur. Der Verkehr bestand lange genug, daß Platon mit Dion, dem zwanzigjährigen Schwager und Schwiegersohn des Tyrannen, eine dessen Leben lang dauernde glühende Freundschaft schließen konnte. Platon soll, ganz im Stile des *Gorgias,* nach Diogenes Laertius, dem Tyrannen gesagt haben, Macht ohne Tugend sei wertlos. Dionys schmeckte dies greisenhaft, und Platon dieser Einwand nach Tyrannis. Damit war der Bruch vollzogen. In irgendeiner Form wurde Platon den Kriegsfeinden, den Spartanern, ausgeliefert und stand in Aigina auf dem Sklavenmarkt zum Kauf. Ein Freund aus Kyrene kaufte ihn für 20–30 Minen los. So kehrte er zwangsweise nach Athen zurück — daß er anfangs auswandern wollte, ist damit nicht widerlegt.

Man könnte denken: gründlicher gescheitert habe Platon gar nicht heimkehren können. Dieser Schein trügt: die Lage Athens ist es, die gründlich gewandelt war. Der Antalkidas-Frieden wurde endlich geschlossen. Sieger war der Perserkönig, anerkannt als Protektor Griechenlands. Ihm war ganz Kleinasien ausgeliefert, Zypern preisgegeben. Sparta war sein Schildhalter im Mutterland, das es tyrannisieren durfte, wenn es auch für sicherer befand, Athen die Selbständigkeit zu belassen. Platons Widerstand gegen Konons Großmachtpolitik im Bunde mit Persien war jetzt gerechtfertigt. Ja, in gewissem Grade war er eine politische Potenz. Dionys, meist mit Sparta im Bunde, war doch vor allem nationaler Hellene, Schildhalter gegen Karthago. Er wurde auch von Athen, nicht immer ohne Erfolg, umworben. Daß Platon an seinen Hof gezogen war, gab ihm Ansehn. Daß sie dann brachen, bewies, daß er kein Spartanerfreund war. Und vor allem die leidenschaftliche Freundschaft mit Dion, der, aus fürstlichem Geschlecht, dem Thron damals Nächste, sich bald als Feldherr und Staatsmann bewährte[25]. Der Blick des Philosophen für die große politische Wirklichkeit war bewiesen. Aber auch er hatte Grund, sich mit Athen zu versöhnen. Die lange Zeit mißverstandene Versöhnungsschrift ist der *Menexenos,* der sich genau an den *Gorgias* anschließt, wie das Positiv ans Negativ. Eine Prunkrede für die Kriegsgefallenen — nach Ablehnung aller Prunkrede im *Protagoras* und besonders gerade im *Gorgias!* Wie war das denkbar? Als Vorbereitung eigener Lehrtätigkeit? Platon gestand diese Paradoxie ein, stellte sie heraus, indem er sie mit grotesken Scherzen (gerichtet gegen Phantasien andrer Schriftsteller) umgab. Sokrates und Aspasia — mit einer Gefallenenrede 386! Noch unbegreiflicher, wie man die Rede selbst lange Zeit als Parodie deuten konnte: diese erhabene, tief erschütternde Versöhnungsrede, die in Athen in Ciceros Jahren regelmäßig als nationale Feier verlesen wurde! Aber Platon durfte die Vaterstadt rühmen, daß sie auch unterliegend sich so lange wie möglich gegen Spartas Politik, Kleinasiens Küstenstädte preiszugeben, gewehrt hatte. Wie glühend preist er die Heimat, Land, Natur, Volk (nicht aber Handel und Flotte), wie innig redet er den Männern zu Herzen, die früheren Parteikämpfe zu vergessen, sich selbst einbeziehend. Auch die im Bürgerkrieg von beiden Parteien Gefallenen wollen sie durch Gebet und Opfer versöhnen, „da ja auch wir uns versöhnt haben. Denn sie bekämpften einander nicht aus Bosheit oder Feindschaft, sondern aus Mißgeschick. Sind wir doch von gleichem Geschlecht wie jene und verzeihen einander, was wir uns antaten und voneinander litten" (244 A)[26]. Von den Oligarchen, den „dreißig Tyrannen" hatte sich Platon früh unbedingt losgesagt, aber doch dem Oheim Charmides den schönen Dialog gewidmet. Vielleicht aber hatte er erst in Tarent vom Freunde Archytas gelernt, daß auch die demokratische Verfassung gut sein könne, wenn die Besten zu Herrschern gewählt werden (wie einst Perikles). Nie wird er wieder über die Großen der Vergangenheit schelten. „Nur eine Regel gilt: wer für weise und gut gehalten wird, herrscht und regiert." Dann ist die Demokratie eine Aristokratie unter Billigung der Menge (238 C/D). Die Idee der Versöhnung ist anstelle des großen Zornes getreten.

Man nennt den *Gorgias* den Durchbruch, deutlicher vielleicht einen Einbruch in die Tiefe, eine verzweifelte Krise, eine Tiefe, in der auch neue Wurzeln ausschlagen. In der Kurve des Gesamtwerkes ist hier eine tiefe Einkerbung, aber die weitere Vollendung setzt sich stärker an das Niveau der freudigen vorangehenden Werke an. Aus dem Endes-Mythos des *Gorgias* steigt durch die Pythagoreischen Einflüsse in Unteritalien, über *Menon* und *Phaidon*, die Seelenlehre, die Seelenwanderungslehre. Das *Gastmahl* entwickelt nach dem *Lysis* die Religion des Eros. Der Eidos-Gedanke des *Gorgias* deutet auf die Ideenschau in *Phaidon* und *Gastmahl*, die Kosmos-Gefühle auf die Weltlehre des *Timaios*. Der *Staat* nimmt die Gerechtigkeits-Idee des *Thrasymachos* in sich auf und löst die harten Spannungen des *Gorgias:* Die Gerechtigkeit führt nicht ins Märtyrertum, sondern ins Glück — nämlich dann, wenn der Staat der Gerechtigkeit wirklich gegründet wird. Wenn ich nicht irre, ist dies bisher kaum gesehen. Platon behauptet nicht mehr, der Gerechte werde an sich glücklich, sondern der gerechte Staat würde den Gerechten zum Bürger der Adelskaste, zum Herrscher und auch glücklich machen. Im *Phaidros* aber erzählt er im Seelenmythos von seinem Erlebnis in Syrakus, vom Eros zwischen ihm und Dion. Welche Leidenschaften des Gottbegnadeten in wenigen Jahren: die Freude im *Lysis*, Zorn und Verzweiflung im *Gorgias*, der Eros in Syrakus, als Sklave auf Aigina und dann im *Menexenos* Versöhnung und Vorbereitung der Akademie.

DAS EWIGE UND DAS GEGENWÄRTIGE

Diese Betrachtung auf die „Krisen" scheint genau zeitgebunden, aber der hohe Ewigkeitsgehalt des *Gorgias* scheint daher zu stammen, daß Platon in ihm seine tiefste Krise gleichzeitig, in unmittelbarer Bezogenheit, fast könnte man sagen identisch mit der hellenisch-weltgeschichtlichen Krise erlebt. Spartas oligarchischer und Athens „demokratischer“ Imperialismus fanden nicht ihren nationalen Ausgleich, als sie im Bunde gegen Persien noch einmal eine große Geschichte hätten einleiten können. Die politische Wirklichkeits-Erkenntnis des großen Idealrealisten Platon durchschaute die dringende Gefahr ebenso wie die Möglichkeit der Erneuung aus dem Geist, die Rettung. Was uns beim Lesen des Dialogs so geheimnisvoll erschüttert, ist das Gefühl: wir leben in einer ähnlichen Krise des Abendlandes.

Dies Krisengefühl fehlte noch ganz, als gegen Ende des neunzehnten Jahrhunderts das Platonstudium in Deutschland sich belebte. Gerade das Sicherheitsgefühl der Zivilisation vertrug sich mit dem Zweifel am Sinn des Lebens überhaupt: nur noch die reine Wissenschaft, voraussetzungslos in Grund und Ziel, schien den besten Gelehrten das sinnvolle Ideal. Auch wurde, da man kein Ende dieser fortschreitenden Wissenschaft sehen oder wünschen konnte, nicht mehr Gegenstand und Ergebnis, sondern nur die Methode des Forschens als Ideal anerkannt[27]. Wie aber Platon durch die Katastrophengefahr Griechenlands erschüttert wurde, zuerst durch die Mißherrschaft der Dreißig Tyrannen, dann in der doch anerkannt maßvollen Demokratie durch den Justizmord an Sokrates, zuletzt durch die Politik des Korinthischen Krieges, so bedrohen heute die unerhörten technischen Erfolge jener um ihrer selbst willen unbegrenzt fortschreitenden Wissenschaft unsere Erde. Wenn die Völker sich sichern müssen, wie einst die Griechenstaaten gegen Sparta, wie ist dann diesen Machtkämpfen, diesem Mehrhabenwollen Ende und Maß zu setzen? Wir haben es alle miterlebt: Wissenschaft ist ein besonderes Fach mit vielen Spezialfächern. Unbestreitbares Ideal ist für jedes Fach der eigene Fortschritt, getragen durch riesige technische Erfolge — aber kein Spezialist ist verpflichtet, auf andere Fächer zu schauen, niemand trägt Verantwortung für das Leben, für den Menschen als Ganzes. Auch Philosophie wird als eins der vielen Spezialfächer gelehrt, aber die echte Philosophie, die gerade im *Gorgias* systematisch gefordert wird, die Philosophie, die Lebensbesinnung, die allen Fächern erst Grund und Ziel sichert, die Wesensschau, wird nicht wesenhaft geschaut. Sie ist es, die unsere Verantwortung für das Ganze, das Leben klärt, für sie Ehrfurcht gründet, das Gewissen weckt. Analog war der Verlauf in Hellas. Gerade Gorgias selbst war, radikaler als Kant, zum agnostischen Zweifel an aller Erkenntnis gekommen, zur Preisgabe der verpflichtenden ethischen Werte. Da griffen in hoher geistiger Leidenschaft Sokrates und Platon ein: nur die philosophische Besinnung auf den höchsten Wert, ein Schönes Leben der Gerechtigkeit kann uns retten. Und nur im Weisen und Gerechten, in Sokrates als Vorbild kann es sich darstellen. Heute bestreitet kaum jemand, daß Platon durchaus Staatsmann sein wollte und war, aber die meisten Gelehrten interessieren sich mehr für die rationalen Ergebnisse, ja für die logischen Unvollkommenheiten. Und so glaubte man, im *Gorgias* habe Platon sein Seelenheil gefunden. Aber worin? – Im Ideal der kritischen Wissenschaft!

Wir haben heute, mittelbar bis in die Tiefen des Volkslebens, die Auswirkung dieses Ideals des voraussetzungslosen Spezialistentums, den Verlust der Verantwortlichkeit – es sei denn der Verantwortung für exakte saubere Arbeit – kennengelernt: Doch Wissenschaft kann damit unter die Oberherrschaft des materiellen Lustgewinns, des Mehrhabenwollens, der Machtbegierde geraten. Die verdorbene Ethik ist schuld, nicht die Technik als solche. Erst einige Jahre nach Kriegsende, in der Katastrophen-Angst begann auch die Wissenschaft auf das Gewissen zu hören. Wahre Erkenntnis gründet in lebendiger Wechselwirkung zwischen spezialistischer Wissenschaft und ganzheitlicher Besinnung. Es ist von symbolischer Bedeutung, daß diesen Ausgleich der Welt hörbar ein Mann in seiner Person vollzog, indem er in der Sorge für das irdische Gesamtleben vielerlei dadurch sinnvoll gewordene Technai in sich vereinte: Orgelspieler, Bachkenner, Theologe, Bibelkritiker, Philosoph,

Arzt, Orgelbauer, Missionar, Handwerker. Ehrfurcht vor dem Leben wurde der Sinn seiner Philosophie, die all sein Tun durchdrang, Hilfe für die Ärmsten, Gequälten sein Tun. Aber als Denker verkündete Schweitzer die höchste Gefahr der Katastrophe durch die Atomenergie: „Wir treiben auf einem reißenden Strom oberhalb eines großen Katarakts, ohne zu merken, daß die Strömung immer stärker wird und daß wir bald nicht mehr imstande sein werden, der unten wartenden Vernichtung zu entrinnen[28]." Platon sah nur die Gefahr des hellenischen Volkes — aber er durfte zweifeln, ob ein höheres Menschentum als dies sich geschichtlich verwirklichen könnte. Ist es doch gerade der *Gorgias*, der uns erinnert, daß Platons herrliches Gesamtwerk, die Schau des schöpferischen Kosmos weiter und tiefer greift als in die exakte Fachwissenschaft. Gerade von diesem Dialog berichtet Aristoteles, mehr als Platon Vertreter systematischer Wissenschaft: ein korinthischer Landmann habe, durch den Gorgias erweckt, seinen Acker und Weinberg verlassen, um als Platons Schüler auf seine Lehren zu hören. Das weist auf das Wesentliche: Wandel der Seele. Platon fand die Unbedingtheit des Sittengesetzes, den Kategorischen Imperativ, wie Kant. Die Würde des Menschen, der nie als bloßes Mittel gewertet werden darf, hat Kant strenger gefaßt. Aber Platon hat die ursprüngliche Ganzheit gewahrt, während Kant durch Trennung von Moral und Ästhetik die Auflösung der Philosophie in Fachwissenschaften begünstigte. Im Glanz des Kosmischen, Makrokosmos und Mikrokosmos, Universum und Mensch, der den ganzen *Gorgias* durchstrahlt (Cap. 59/60), aber nicht immer empfunden wird, leuchtet das Gesamtwerk, zumal der *Timaios*. Das erfüllt sich nur in der Reinheit des Gewissens, der Eudaimonie, dem Einklang der fühlenden Seele mit dem eigenen Daimon.

Schleiermachers Übersetzung, die hier zum größern Teil erhalten blieb, hat auch heute noch Vorzüge: der philosophische Gedanke, der Logos, ist in ihr mit Präzision und Feinheit wiedergegeben. Sie ist also rein wissenschaftlich und überraschenderweise gänzlich unromantisch. An der dichterischen Gestaltung, am Wesen der Personen, an der seelischen Bewegung und damit am Mythos, der nach Karl Reinhardt die Sprache der Seele ist, nimmt Schleiermacher wenig Anteil. In diesem Sinne wurde seine Übersetzung durchgearbeitet und manche Stücke neu übertragen.

Die Zahlen am oberen Rande entsprechen den Seitenzahlen im Stephanusdruck aus dem sechzehnten Jahrhundert, der allen unsern Ausgaben zugrunde liegt und auch vielen Übersetzungen allein beigefügt ist. Nach ihm wird in allen wissenschaftlichen Arbeiten zitiert. Jede Seite ist in fünf Teile A – E geteilt. Man kann danach jede Zeile schätzungsweise auffinden. Die Kapitel-Gliederung stammt von den alexandrinischen Philologen. Es scheint mir unberechtigt, sie zu unterdrücken und von der sinnvollen Arbeit dieser Gelehrten keinen Gebrauch zu machen, der die schnelle Orientierung und das gemeinsame Studium erleichtert.

Kurt Hildebrandt

GORGIAS

(Oder über die Beredsamkeit. Umstürzend[1].)

Personen des Gesprächs: Kallikles[2], Sokrates, Chairephon, Gorgias, Polos.

1. K a l l i k l e s. An Krieg und Schlacht sagt man, Sokrates, müsse man in dieser Weise teilnehmen.
S o k r a t e s. Also sind wir nach dem Sprichwort erst nach dem Fest gekommen und haben es verfehlt?
K a l l i k l e s. Ja – und ein sehr prächtiges Fest. Vieles Schöne nämlich hat uns Gorgias eben noch vorgetragen.
S o k r a t e s. Daran ist unser Chairephon schuld, Kallikles, der uns auf dem Markt zu verweilen nötigte.
C h a i r e p h o n. Das macht nichts, Sokrates, denn ich werde den Schaden auch wieder heilen. Gorgias ist ja mein Freund. Er wird sich, wenn es gefällt, sogleich hören lassen oder, wenn du willst, ein andermal.
K a l l i k l e s. Wie? Chairephon, verlangt es Sokrates, den Gorgias zu hören?
C h a i r e p h o n. Zu diesem Zweck sind wir ja hier.
K a l l i k l e s. Was kommt ihr also nicht, wenn's gefällig ist, in mein Haus? Wohnt doch Gorgias hier und wird euch vortragen.
S o k r a t e s. Wie schön, Kallikles. Aber ob er wohl auch ein Gespräch mit uns zu führen wünschte? Denn ich will diesen Mann ausfragen, was seine Kunst vermag und was es ist, was er verheißt und was er lehrt. Die übrige Prunkrede möchte er, wie du sagst, ein andermal halten.
K a l l i k l e s. Nichts besser, als ihn selbst zu fragen, Sokrates, denn auch das war ein Teil seines Vortrages. For-

derte er doch eben gerade alle drinnen Anwesenden auf, daß jeder frage, was er wolle, und er sagte, er werde auf alles antworten.

Sokrates. Das ist schön. Chairephon, frage ihn.

Chairephon. Was soll ich fragen?

Sokrates. Wer er ist.

Chairephon. Wie meinst du das?

Sokrates. Wie wenn er etwa ein Handwerker wäre, der Schuhe verfertigte, er doch wohl antworten würde, er sei ein Schuster. Oder verstehst du nicht, wie ich es meine?

2. Chairephon. Ich verstehe und werde fragen.[3] Sage mir, Gorgias, ist es wahr, was Kallikles sagt, daß du versprichst, zu beantworten, was irgendeiner dich fragt?

Gorgias. Es ist wahr, Chairephon, denn eben jetzt habe ich dies versprochen, und ich sage, seit vielen Jahren hat mich niemand etwas Neues gefragt.

Chairephon. Also fällt dir wohl das Antworten leicht, Gorgias?

Gorgias. Es steht dir frei, eine Probe darauf zu machen.

Polos. Wahrhaftig, beim Zeus! Aber wenn du mich fragen wolltest, Chairephon, denn Gorgias scheint mir ermüdet zu sein — hat er doch eben vieles durchgesprochen.

Chairephon. Wie doch, Polos? Meinst du, besser als Gorgias antworten zu können?

Polos. Was macht das aus, wenn es dir nur genügt?

Chairephon. Nichts. Nun, da du denn willst, so antworte.

Polos. Frage.

Chairephon. Ich frage also, wenn Gorgias ein Meister in derselben Kunst wäre wie sein Bruder Herodikos, wie würden wir ihn dann recht benennen? Nicht ebenso wie diesen?

Polos. Allerdings.

Chairephon. Wenn wir also sagten, er wäre ein Arzt, so würden wir uns richtig ausdrücken.

Polos. Ja.

Chairephon. Wäre er aber mit Aristophon, dem Sohne des Aglaophon, oder mit dessen Bruder[4] in einerlei Kunst erfahren, wie würden wir ihn dann wohl richtig nennen?
Polos. Offenbar einen Maler.
Chairephon. Da er nun aber in einer Kunst sachverständig ist, müssen wir ihn wie doch nennen, um ihn richtig zu nennen?
Polos. Chairephon, viele Künste sind unter den Menschen durch Geschicklichkeit geschickt erfunden[5]. Denn Geschicklichkeit macht, daß unser Leben nach der Kunst geführt wird, Ungeschicktheit aber nach blindem Zufall. Von allen diesen Künsten nun ergreift ein anderer eine andere und auf andere Weise, die Besten aber auch die besten, zu welchen dann auch Gorgias hier gehört und also an der vortrefflichsten unter den Künsten Anteil hat.
3. Sokrates. Trefflich gewiß, Gorgias, scheint Polos auf Reden vorbereitet zu sein; allein das, was er dem Chairephon versprach, tut er doch nicht.
Gorgias. Was denn doch, Sokrates?
Sokrates. Was er gefragt ward, scheint er mir gar nicht zu beantworten.
Gorgias. So frage denn du ihn, wenn du willst.
Sokrates. Nicht doch, wofern du selbst antworten willst; vielmehr würde ich lieber dich fragen, denn es ist mir schon aus dem, was Polos gesagt hat, klar, daß er sich auf die sogenannte Redekunst weit mehr gelegt hat als auf die Führung des Gesprächs.
Polos. Wieso denn, Sokrates?
Sokrates. Weil du, mein Polos, da Chairephon dich fragt, in welcher Kunst Gorgias ein Meister sei, seine Kunst zwar rühmst, als ob jemand sie tadelte, aber doch nicht beantwortet hast, was sie ist.
Polos. Habe ich denn nicht geantwortet, sie wäre die vortrefflichste?
Sokrates. Jawohl. Aber niemand hat gefragt, wie des Gorgias Kunst sei, sondern was sie sei, und wie man den

Gorgias deshalb nennen müsse. Sowie du nun das, was dir vorhin Chairephon vorlegte, ihm richtig und kurz beantwortet hast, ebenso sage doch auch jetzt, worin seine Kunst besteht und wie wir ihn zu nennen haben. Oder vielmehr, Gorgias, sage du uns selbst, wie wir dich nennen müssen, und in welcher Kunst du Meister bist.

Gorgias. In der Redekunst, Sokrates.

Sokrates. Einen Redner also müssen wir dich nennen?

Gorgias. Und zwar einen vollkommenen, Sokrates, wenn du mich, „was ich zu sein mich rühme", wie Homeros sagt, nennen willst[6].

Sokrates. Freilich, ich will das.

Gorgias. So nenne mich denn so.

Sokrates. Sagen wir nicht auch, du vermögest auch andere dazu zu machen?

Gorgias. Dazu erbiete ich mich ja, nicht nur hier, sondern auch anderwärts.

Sokrates. Möchtest du nun wohl, Gorgias, so wie wir jetzt miteinander reden, die Sache zu Ende bringen, durch Frage und Antwort, die langen Reden aber, womit auch schon Polos anfing, für ein andermal aufsparen? Aber laß dann auch das Versprechen nicht unerfüllt, sondern sei so gut, in kurzer Rede die Frage zu beantworten.

Gorgias. Es gibt zwar einige Antworten, Sokrates, die notwendig durch lange Reden erteilt sein wollen; dennoch aber will ich versuchen, so kurz als möglich mich zu fassen. Denn auch dessen rühme ich mich ja, niemand könne kürzer als ich dasselbe sagen.

Sokrates. Dies eben brauche ich, Gorgias. Eben hiervon gib mir ein Meisterstück, von der Kürze, vom Langreden aber ein andermal.

Gorgias. Das will ich tun, und du sollst sagen, du habest nie einen Wortkargeren gehört.

4. Sokrates. Wohlan denn! Du behauptest, in der Redekunst ein Meister zu sein und auch einen andern zum Redner machen zu können; auf was für Dinge bezieht sich die

Redekunst? so etwa wie die Weberei auf Verfertigung der Gewänder? Nicht wahr?

Gorgias. Ja.

Sokrates. Nicht auch wie die Tonkunst auf Dichtung von Gesangweisen?

Gorgias. Ja.

Sokrates. Bei der Hera, Gorgias, ich habe meine Freude an deinen Antworten, weil du wirklich so kurz als nur möglich antwortest.

Gorgias. Das denke ich nun auch gehörig zu tun.

Sokrates. Schon recht. Antworte mir nun auch ebenso in bezug auf die Redekunst, auf was für Dinge sich doch ihr Wissen bezieht.

Gorgias. Auf Reden.

Sokrates. Auf was für Reden denn, Gorgias? Etwa auf die, welche den Kranken erklären, bei welcher Lebensweise sie genesen könnten?

Gorgias. Nein.

Sokrates. Also bezieht sich doch nicht auf alle Reden die Redekunst?

Gorgias. Freilich nicht.

Sokrates. Aber sie macht doch wenigstens tüchtig zum Reden.

Gorgias. Ja.

Sokrates. Nicht auch zu denken über das, worüber sie zu reden tüchtig macht?

Gorgias. Natürlich.

Sokrates. Macht nicht auch die eben angeführte Heilkunde tüchtig, über Kranke sowohl richtig zu denken als auch zu reden?

Gorgias. Gewiß.

Sokrates. Auch die Heilkunst also bezieht sich, wie es scheint, auf Reden?

Gorgias. Ja.

Sokrates. Nämlich auf die über Krankheiten?

Gorgias. Allerdings.

Sokrates. Bezieht sich nun nicht auch die Gymnastik auf Reden, nämlich auf die über den günstigen oder ungünstigen Zustand des Körpers?

Gorgias. Jawohl.

Sokrates. Und gewiß auch mit den übrigen Künsten, Gorgias, verhält es sich so. Jede hat es auch mit denjenigen Reden zu tun, welche sich auf den Gegenstand beziehen, wovon sie die Kunst ist.

Gorgias. Offenbar.

Sokrates. Warum nennst du also nicht auch die übrigen Künste Redekünste, da sie es doch auch mit Reden zu tun haben, wenn du diejenige die Redekunst nennen willst, welche es mit Reden zu tun hat?

Gorgias. Weil, Sokrates, bei den anderen Künsten nur auf gewisse Handgriffe und dergleichen Handlungen mit einem Wort die ganze Erkenntnis geht; die Redekunst aber hat nichts dergleichen Handgreifliches, sondern ihr ganzes Geschäft und Wirken vollzieht sich durch Reden. Deshalb lasse ich die Redekunst es mit Reden zu tun haben, und das, wie ich denke, mit Recht.

5. Sokrates. Verstehe ich nun vielleicht wohl, für was für eine Kunst du sie erklärst? Vielleicht erfahre ich es noch bestimmter. Antworte mir nur. Wir haben doch Künste, nicht wahr?

Gorgias. Ja.

Sokrates. Unter diesen nun, glaube ich, sind einige, bei denen das meiste Tätigkeit ist und die nur sehr wenig der Rede bedürfen, und was die Kunst will, könnte auch schweigend verrichtet werden, dergleichen die Malerei und die Bildhauerei und viele andere sind. Solche, dünkt mich, sagst du, gehen auf Dinge, auf welche, wie du meinst, die Redekunst nicht gehe. Oder nicht?

Gorgias. Vollkommen richtig hast du es aufgefaßt, Sokrates.

Sokrates. Wiederum gibt es andere Künste, welche alles durch Rede vollbringen und der Handlung, um es gerade herauszusagen, ganz und gar nicht oder doch nur sehr wenig bedürfen, wie das Zählen, das Rechnen, die Meßkunst, die Kunst des Brettspiels und viele andere Künste, bei denen die Rede und die Handlung sich fast das Gleichgewicht halten, bei vielen auch mehr beträgt, so daß ganz und gar ihr Geschäft und Vollbringen in Reden besteht. Von diesen nun dünkst du mich zu meinen, sei eine auch die Redekunst.

Gorgias. Da hast du recht.

Sokrates. Aber doch wirst du, denke ich, auch von den genannten keine die Redekunst nennen wollen, wiewohl du wörtlich sagtest, daß die ihr ganzes Geschäft durch Reden vollendende die Redekunst wäre. Und es könnte wohl keiner folgern, der dir die Worte zum Verdruß verdrehen wollte: also die Rechenkunst, Gorgias, nennst du Redekunst. Aber ich glaube nicht, daß du, sei es nun die Meßkunst oder die Rechenkunst, Redekunst nennst.

Gorgias. Und ganz recht glaubst du daran, Sokrates, und verstehst mich ganz richtig.

6. Sokrates. Wohlan denn, so bringe mir nun auch die Antwort, nach der ich fragte, zu Ende. Denn da die Redekunst eine von den Künsten ist, welche sich gar viel der Worte bedienen, es aber auch noch andere von derselben Art gibt, so versuche doch zu sagen, woran denn diejenige ihr Geschäft durch Reden vollendet, welche eigentlich die Redekunst ist. Wie wenn z. B. mich jemand nach irgendeiner Kunst von den eben angeführten fragte: Sokrates, was ist denn die Rechenkunst? so würde ich ihm sagen wie du vorhin, eine von den ihr Geschäft durch Reden vollbringenden, und wenn er mich weiter fragte: Worauf beziehen sich diese Reden? so würde ich sagen: Auf das Gerade und Ungerade und die Größe, die jedes von beiden jedesmal haben mag. Fragte er aber weiter: Und welche Kunst nennst du die Verhältnislehre? so würde ich ihm sagen, auch sie ist eine von den alles durch Reden vollbringenden. Und wenn er weiter fragte: Worauf beziehen sich diese? so würde ich sagen, wie es in der Volksversamm-

lung heißt: Alles andere wie zuvor, es verhält sich mit der Verhältnislehre wie mit der Rechenkunst, nur so viel ist sie unterschieden, daß die Verhältnislehre auch betrachtet, wie Gerades und Ungerades unter sich und gegeneinander sich der Größe nach verhält. Und wenn mich jemand nach der Sternkunde fragte und auf meine Erklärung, daß auch diese alles durch Reden vollbringe, spräche: Aber worauf beziehen sich die Reden der Sternkunde? so würde ich sagen: Auf die Bewegung der Gestirne, der Sonne und des Mondes, wie sie sich gegeneinander an Geschwindigkeit verhalten.

Gorgias. Ganz richtig gibst du das an, Sokrates.

Sokrates. Nun, wohlan, tue das auch, Gorgias. Die Redekunst ist doch eine von den alles durch Reden ausführenden und vollbringenden Künsten. Nicht wahr?

Gorgias. Jawohl.

Sokrates. Sage also, worauf sie sich beziehen? Was unter allen Dingen ist doch das eigentlich, worauf die Reden sich beziehen, deren die Redekunst sich bedient?

Gorgias. Es sind die wichtigsten und besten unter allen menschlichen Angelegenheiten, Sokrates.

7. Sokrates. Aber auch dies, Gorgias, ist ja wieder zweifelhaft und noch gar nichts Bestimmtes. Du hast ja wohl, denke ich, bei Gastmählern Leute jenen Rundgesang singen hören, worin sie aufzählen, das beste sei die Gesundheit, und das zweite schön zu werden, und das dritte, wie der Dichter des Rundgesangs meint, reich sein ohne Betrug.

Gorgias. Wohl habe ich das gehört. Aber wozu führst du das an?

Sokrates. Weil dir nun gleich die Meister in dem, was der Rundgesang gelobt hat, in den Weg treten werden, der Arzt und der Meister in den Leibesübungen und der Geschäftsmann; und der Arzt würde zuerst sagen: Sokrates, Gorgias hintergeht dich, denn nicht seine Kunst geht auf das wichtigste Gut für die Menschen, sondern die meinige.

Wenn ich ihn nun fragte: Wer bist du denn, der das sagt? so würde er wohl sagen: ein Arzt. Was meinst du also? Ist wirklich das Werk deiner Kunst das größte Gut? – Wie sollte denn nicht, Sokrates, würde er vielleicht sagen, die Gesundheit dies sein? was für ein größeres Gut gibt es denn für die Menschen als Gesundheit? – Wenn nun nach diesem wiederum der Meister der Leibesübungen sagte: Es sollte mich wundern, Sokrates, wenn Gorgias dir ein größeres Gut aus seiner Kunst aufzeigen könnte als ich von der meinigen, so würde ich auch zu dem sagen: Und wer bist du denn, lieber Mann, und was ist dein Geschäft? – Ich bin der Turnlehrer, spräche er, und mein Geschäft ist, die Menschen schön und stark zu machen am Leibe. Und nach diesem sagte dann der Geschäftsmann, wie ich denke, recht mit Verachtung aller anderen: Sieh doch zu, Sokrates, ob dir irgendein größeres Gut als der Reichtum von Gorgias oder von irgendwem sonst gezeigt werden kann. – Und wie, sprächen wir dann zu ihm, du kannst den machen? – Er bejahte es. – Wer bist du? – Ein Geschäftsmann. – Und wie? du hältst also dafür, der Reichtum sei das größte Gut für den Menschen? sagten wir. – Natürlich, würde er antworten. – Aber Gorgias hier, sprächen wir, behauptet doch gegen dich, daß seine Kunst ein größeres Gut hervorbringe als die deinige. – Offenbar würde er dann weiter fragen: Und was für ein Gut ist denn das? das mag Gorgias beantworten. – Wohlan denn, Gorgias, denke dir, du werdest so von jenen sowohl als von mir gefragt, und beantworte uns, was das ist, wovon du behauptest, es sei das größte Gut für die Menschen, und du der Meister davon.

G o r g i a s. Was auch in der Tat das größte Gut ist, Sokrates, und kraft dessen die Menschen nicht nur selbst frei sind, sondern auch über andere herrschen, jeder in seiner Stadt.

S o k r a t e s. Was meinst du damit?

G o r g i a s. Wenn man durch Worte zu überreden imstande ist, sowohl vor Gericht die Richter als in der Ratsversammlung die Ratsmänner und in der Gemeinde die Bürger und so in jeder anderen Versammlung, die eine Staatsversammlung ist. Denn hast du dies in deiner Gewalt, so wird der Arzt dein Knecht sein, der Meister der Leibesübungen auch, und von diesem Geschäftsmann wird sich zeigen, daß er nicht für sich erwirbt, sondern für einen andern, für dich, der du verstehst zu sprechen und die Massen zu überreden.

8. Sokrates. Nun, Gorgias, dünkst du mir ganz bestimmt erklärt zu haben, für was für eine Kunst du die Redekunst hältst, und wenn ich recht verstehe — so meinst du, die Redekunst sei die Meisterin in der Überredung und ihr ganzes Geschäft und ihre Haupttätigkeit laufe hierauf hinaus. Oder weißt du sonst noch etwas zu sagen, daß die Redekunst weiter gehe, als Überredung in der Seele der Hörer zu bewirken?

Gorgias. Keineswegs, Sokrates, sondern du scheinst sie mir vollständig erklärt zu haben. Denn dies ist in der Tat ihre Hauptaufgabe.

Sokrates. So höre denn, Gorgias. Sei nämlich überzeugt, daß ich, wenn irgend jemand mit einem andern in der Absicht spricht, das wirklich zu erforschen, wovon die Rede ist, mich selbst zu diesen rechnen zu dürfen glaube, und ich glaube auch dich.

Gorgias. Was willst du damit, Sokrates?

Sokrates. Ich sage es dir gleich. Was eigentlich diese von der Redekunst zu leistende Überredung ist, von der du sprichst, und in bezug auf welche Gegenstände sie Überredung ist, das weiß ich noch immer nicht recht. Nicht, als ob ich gar keine Ahnung hätte, was für eine du, wie ich glaube, meinst, und wovon; nichtsdestoweniger aber muß ich doch weiter fragen, was für eine Überredung du meinst, die aus der Redekunst entsteht, und auf welche Gegenstände sie geht. Weshalb aber, da ich es ja schon ahne, will ich dich noch fragen und es nicht selbst sagen? Nicht deinetwegen, sondern unseres Gespräches wegen, damit es so fortgehe, daß uns das möglichst deutlich werde, wovon die Rede ist. Überlege dann, ob ich dich wohl mit Recht weiter frage, z. B. wenn ich dich fragte: Was für ein Maler ist Zeuxis[7]? und du hättest mir gesagt, daß er Bilder malt; würde ich dich dann nicht mit Recht fragen, was für Bilder er male oder nicht?

Gorgias. Jawohl.

Sokrates. Etwa deshalb, weil es auch noch andere Maler gibt, die viele andere Bilder malen?

Gorgias. Ja.

Sokrates. Wenn aber kein anderer als Zeuxis dergleichen malte, dann wäre deine Antwort gut gewesen?

Gorgias. Allerdings.

Sokrates. Wohlan denn, sage mir auch von der Redekunst, ob du denkst, die Redekunst allein bewirke Überredung oder auch andere Künste? Ich meine nämlich dies: Wenn irgend jemand etwas lehrt, überredet er dann in dem, was er lehrt, oder nicht?

Gorgias. Ganz gewiß überredet er.

Sokrates. Wenn wir nun wieder auf dieselben Künste zurückkommen wie oben, lehrt uns nicht die Rechenkunst und der Rechenkünstler die Größe der Zahlen?

Gorgias. Jawohl.

Sokrates. Und überredet uns also auch?

Gorgias. Ja.

Sokrates. Also auch die Rechenkunst ist eine Meisterin der Überredung?

Gorgias. So scheint es.

Sokrates. Wenn uns also jemand fragte, in was für einer Überredung und wovon? so werden wir ihm etwa antworten, in einer belehrenden von dem Geraden und Ungeraden, wie groß es ist. Und auch alle anderen angeführten Künste werden wir als Meisterinnen der Überredung aufstellen können, und auch in was für einer und worüber.

Gorgias. Ja.

Sokrates. Es ist also nicht bloß die Redekunst eine Meisterin in der Überredung.
Gorgias. Da hast du recht.
9. Sokrates. Da nun nicht sie allein dies leistet, sondern auch andere Künste es tun, so möchten wir wohl mit Recht, eben wie bei dem Maler, den, der dies gesagt, weiter fragen: Was das für eine Überredung ist und worauf sie sich bezieht, welche die Kunst der Rede leistet? Oder hältst du es nicht für Recht, dies weiter zu fragen?
Gorgias. O doch.
Sokrates. So antworte denn, Gorgias, wenn es dich auch so dünkt.
Gorgias. Die Überredung also meine ich, Sokrates, welche vor Gericht und bei anderen Versammlungen vorkommt, wie ich sie auch schon vorhin nannte, und darauf bezieht sie sich, was Recht und Unrecht ist.
Sokrates. Das ahnte ich auch, daß du diese Überredung meintest, Gorgias, die sich auf solche Dinge beziehe. Wundere dich aber nur nicht, wenn ich dich auch bald wieder einmal um so etwas frage, was deutlich zu sein scheint, und ich frage dich doch noch. Denn, wie gesagt, um in Ordnung die Rede zu Ende zu bringen, frage ich dergleichen, nicht deinetwegen, sondern damit wir uns nicht gewöhnen, halbverstanden einander das Gesagte vorwegzunehmen, sondern du deinen Satz ganz nach deiner Ansicht durchführen mögest, wie es dir gefällt.
Gorgias. Und ganz recht tust du daran, wie mich dünkt, Sokrates.
Sokrates. So komm denn, laß uns auch dies überlegen: du sagst doch bisweilen, man habe etwas erkannt?
Gorgias. Ja.
Sokrates. Auch man glaube etwas?
Gorgias. Gewiß.
Sokrates. Dünkt dich dies nun einerlei, erkannt haben und glauben? Erkenntnis und Glaube? oder verschieden?
Gorgias. Ich, Sokrates, meine, es ist verschieden.

S o k r a t e s. Und ganz recht meinst du so. Du kannst es aber hieraus erkennen. Wenn dich jemand fragte, gibt es wohl einen falschen und einen wahren Glauben? Das würdest du bejahen, denke ich.

G o r g i a s. Ja.

S o k r a t e s. Wie? auch eine falsche und eine wahre Erkenntnis?

G o r g i a s. Keineswegs.

S o k r a t e s. Offenbar also ist nicht beides einerlei.

G o r g i a s. Da hast du recht.

S o k r a t e s. Doch aber halten sich beide, sowohl die, welche erkannt haben, als auch die, welche glauben, für überzeugt.

G o r g i a s. So ist es.

S o k r a t e s. Willst du also, wir sollen zwei Arten der Überredung aufstellen, die eine, welche Glauben ohne Wissen hervorbringt, die andere Erkenntnis?

G o r g i a s. Sehr wohl.

S o k r a t e s. Welche von beiden Überredungen also bewirkt die Redekunst vor Gericht und in anderen Versammlungen in Beziehung auf das Gerechte und Ungerechte? aus welcher Glaube ohne Wissen entsteht? oder aus welcher das Wissen?

G o r g i a s. Offenbar doch, Sokrates, woraus der Glaube kommt.

S o k r a t e s. Die Redekunst ist demnach, Gorgias, wie es scheint, Meisterin in einer glaubenmachenden, nicht in einer belehrenden Überredung in bezug auf Gerechtes und Ungerechtes.

G o r g i a s. Ja.

S o k r a t e s. Also belehrt auch der Redner nicht in den Gerichts- und anderen Versammlungen über Recht und Unrecht, sondern macht nur glauben. Auch könnte er wohl nicht so viele Menschen in so kurzer Zeit über so wichtige Dinge belehren.

G o r g i a s. Gewiß nicht.

10. Sokrates. Wohlan denn, laß uns zusehen, was wir doch eigentlich von der Redekunst sagen; denn ich selbst kann es noch gar nicht recht verstehen, was ich sage. Wenn, um Ärzte zu erwählen, die Stadt sich versammelt, oder um Schiffsbaumeister oder eine andere Art von Handwerksmeistern, nicht wahr, dann darf der Redner nicht Rat geben? Dann ist es klar, daß bei jeder Wahl der Kunstverständigste gewählt werden muß. Auch nicht, wenn von Erbauung der Mauern die Rede ist, und davon, die Häfen instand zu setzen oder die Werften, sondern die Baumeister. Auch nicht wenn die Beratung die Wahl eines Heerführers betrifft, oder die Stellung eines Heeres gegen den Feind, oder die Einnahme einer Gegend; sondern die Kriegserfahrenen werden dann Rat erteilen, nicht die Redekünstler. Oder wie denkst du, Gorgias, über solche Fälle? Denn da du behauptest, selbst sowohl ein Redner zu sein als auch andere zu Redekünstlern zu machen, so ist es ja recht, das, was deine Kunst betrifft, von dir zu erfragen. Glaube aber, daß auch ich jetzt nur dein Interesse vertrete; denn vielleicht ist mancher unter den Anwesenden gesonnen, dein Schüler zu werden, wie ich auch wirklich mehrere hier sehe, die vielleicht zu schüchtern sind, dich weiter zu fragen. Wie du also jetzt von mir befragt wirst, so denke dir, du würdest auch von jenen gefragt. Was, Gorgias, wird uns werden, wenn wir uns dir anschließen? worüber werden wir der Stadt Rat geben können? nur über Recht und Unrecht allein oder auch über das, was Sokrates eben anführte? Versuche also, ihnen darauf zu antworten.

Gorgias. So will ich denn versuchen, Sokrates, dir recht deutlich die ganze Bedeutung der Redekunst zu enthüllen. Denn du selbst hast mich sehr gut darauf geführt. Nämlich du weißt ja wohl, daß diese Werften, diese Mauern der Athener und dieser Bau ihrer Häfen auf den Rat des Themistokles entstanden sind, teils auch auf den des Perikles, nicht aber der Fachleute[8].

Sokrates. So sagt man, Gorgias, von Themistokles;

den Perikles aber habe ich noch selbst gehört, als er seine Meinung wegen der mittleren Mauer vortrug.

Gorgias. Und wenn eine Wahl solcher Männer angesetzt ist, wie du erwähntest, so siehst du doch, daß die Redner die Ratgebenden sind und ihre Meinung in solchen Dingen auch durchgeht.

Sokrates. Eben weil ich hierüber staune, Gorgias, frage ich so lange schon, was doch eigentlich das Wesen der Redekunst ist. Denn ganz dämonisch groß dünkt sie mich, wenn ich es so überlege.

11. Gorgias. Wenn du gar erst alles wüßtest, Sokrates, daß sie mit einem Wort alle anderen Kräfte zusammengenommen unter sich begreift! Einen entscheidenden Beweis will ich dir hiervon geben[9]. Nämlich gar oft bin ich mit meinem Bruder oder anderen Ärzten zu einem Kranken gekommen, der entweder keine Arznei nehmen oder sich von dem Arzte nicht wollte schneiden und brennen lassen, und da dieser ihn nicht überreden konnte, habe ich ihn doch überredet durch keine andere Kunst als die Redekunst. Ja, ich behaupte auch, es möge in eine Stadt, wohin du willst, ein Redekünstler und ein Arzt kommen, und wenn sie vor der Gemeinde oder sonst einer Versammlung redend durchfechten müßten, welcher gewählt werden sollte, so würde nirgends an den Arzt gedacht werden, sondern der, welcher zu reden versteht, würde gewählt werden, wenn er es wollte. Ebenso würde im Streit gegen jeden andern Sachverständigen der Redner eher als irgendeiner überreden, ihn selbst zu wählen. Denn es gibt nichts, worüber nicht ein Redner glaubhafter vor dem Volke sprechen könnte als irgendein Sachverständiger. Die Kraft dieser Kunst ist also in der Tat eine solche und so große. Gebrauchen aber muß man die Redekunst, Sokrates, wie jede andere Kampfart. Denn auch die andere Kampfkunst muß man deshalb nicht gegen alle Menschen gebrauchen, weil einer den Faustkampf und das Ringen und Fechten in Waffen so gut gelernt hat, daß er stärker darin ist als

Freund und Feind. Deshalb darf er aber nicht seine Freunde schlagen, stechen und totschlagen. Und, beim Zeus, wenn einer, der den Übungsplatz besucht hat und ein tüchtiger Fechter ist, hernach Vater und Mutter oder sonst einen seiner Verwandten und Freunde schlägt, deshalb darf man nicht die Meister der Leibesübungen und die, welche in Waffen zu fechten lehren, hassen und aus den Städten jagen. Denn sie haben ihre Kunst mitgeteilt, damit man sich ihrer nach Recht bediene gegen Feinde und Beleidiger zur Verteidigung, nicht zum Angriff; sie aber drehen die Sache um und bedienen sich der Stärke und der Kunst nicht richtig. Darum sind aber noch nicht die Lehrer schlecht, noch ist die Kunst hieran schuld und deshalb verwerflich, sondern die, glaube ich, welche sie nicht richtig anwenden. Dasselbe nun gilt auch von der Redekunst. Es versteht freilich der Redner gegen alle und über alles so zu reden, daß er den meisten Glauben beim Volk findet, um es kurz herauszusagen, worüber er nur will. Deshalb aber soll er doch weder den Ärzten ihre Ehre rauben, weil er dies zu bewirken imstande wäre, noch auch anderen Sachverständigen, sondern nach dem Rechte muß man sich auch der Redekunst bedienen, wie auch der Fechtkunst. Und wenn einer, meine ich, ein Redner geworden ist und handelt dann ungerecht vermöge dieser Kraft und Kunst, so muß man, denke ich, nicht seinen Lehrer hassen und aus der Stadt jagen. Denn zu rechtlichem Gebrauch hat dieser sie ihm übergeben; er aber macht einen entgegengesetzten Gebrauch davon. Den also, der sie unrichtig anwendet, mag man mit Recht hassen, vertreiben und töten, nicht aber den, der sie gelehrt hat.

12. S o k r a t e s. Ich denke, Gorgias, auch du hast schon vielen Unterredungen beigewohnt und wirst dies dabei bemerkt haben, daß nicht leicht die Menschen es dahin bringen, das, worüber sie zu sprechen unternommen haben, gemeinschaftlich zu bestimmen, und nachdem sie so untereinander sich belehrt und gelernt haben, ihre Zusammen-

kunft aufzuheben, sondern wenn sie über etwas uneinig sind und einer den andern beschuldigt, er rede nicht richtig oder nicht bestimmt, so erzürnen sie sich und meinen, der andere rede so etwas aus Mißgunst gegen sie, weil er nämlich nur um seine Ehre sich beim Gespräch ereifere, nicht aber den vorliegenden Gegenstand suche. Ja, einige gehen zuletzt auf die unanständigste Art auseinander mit Schimpfreden, und indem sie solche Dinge einander anzuhören geben, daß es sogar den Anwesenden um ihrer selbst willen leid tut, auch nur solcher Leute Zuhörer gewesen zu sein. Weshalb nun sage ich dies? Weil mich dünkt, du sagest jetzt etwas nicht Folgerechtes, was nicht zusammenstimmt mit dem, was du vorher von der Redekunst sagtest. Ich fürchte nun, dich zu widerlegen, damit du nicht denkst, ich rede nicht auf die Sache eifernd, daß sie uns klarwerde, sondern auf dich. Bist du nun eben ein solcher wie ich, so möchte ich dich gern weiter fragen, wo nicht, so werde ich es lassen. Und was für einer bin ich? Von denen einer, die sich gern widerlegen lassen, wenn sie etwas Unrichtiges sagen, auch gern selbst widerlegen, wenn ein anderer etwas Unrichtiges sagt; nicht minder gern jedoch sich selbst widerlegen lassen als selbst widerlegen. Denn für ein größeres Gut halte ich das um so mehr, als es ja besser ist, selbst von dem größten Übel befreit zu werden, als einen andern davon zu befreien. Denn nichts, denke ich, ist ein so großes Übel für den Menschen als irrige Meinungen über das, wovon jetzt die Rede unter uns ist. Behauptest nun auch du ein solcher zu sein, so wollen wir das Gespräch fortsetzen. Dünkt dich aber, daß wir es lassen müssen, so wollen wir es verabschieden und die Untersuchung beenden.

Gorgias. Allerdings behaupte auch ich, ein solcher zu sein, wie du angibst, Sokrates. Vielleicht jedoch müssen wir auch auf die Anwesenden Rücksicht nehmen. Denn schon lange, ehe ihr kamt, habe ich den Anwesenden vieles vorgetragen, und es würde auch leicht zu weit führen, wenn wir uns weiter besprechen. Wir müssen also auch auf diese Rücksicht nehmen, damit wir nicht einige abhalten, die lieber etwas anderes vornehmen wollten.

13. Chairephon. Die laute Beifallsäußerung dieser Männer hört ihr ja selbst, Gorgias und Sokrates, wie sehr sie zu hören wünschen, wenn ihr etwas redet. Ich selbst auch möchte nicht ein so dringendes Geschäft haben, daß ich solche und so gesprochene Reden zu hören mir versagen müßte, um etwas Notwendigeres zu tun.

Kallikles. Bei den Göttern, Chairephon, auch ich, der ich schon so vielen Unterredungen beigewohnt habe, weiß nicht, ob ich jemals so viel Freude gehabt habe wie jetzt; darum wird es mir, auch wenn ihr euch den ganzen Tag unterreden wolltet, immer angenehm sein.

Sokrates. An mir wenigstens, Kallikles, soll es nicht liegen, wenn Gorgias nur will.

Gorgias. Unziemlich würde es ja schließlich sein, Sokrates, wenn ich nicht wollte, zumal ich selbst zum Fragen aufgefordert habe, was einer nur Lust hätte. Also, wenn es diesen gefällt, so sprich und frage, was du willst.

Sokrates. So höre denn, Gorgias, was mich an dem von dir Gesagten wundert. Vielleicht hast du nämlich doch recht, und ich habe es nur nicht richtig aufgefaßt. Zum Redner, sagst du, könnest du jeden machen, wenn er von dir lernen will.

Gorgias. Ja.

Sokrates. Und zwar über jegliches, so daß er die Menge überredet, nicht belehrend jedoch, sondern nur Glauben erregend.

Gorgias. Jawohl.

Sokrates. Denn du sagtest sogar, daß in Sachen der Gesundheit der Redner mehr Glauben finden würde als der Arzt.

Gorgias. Das sagte ich auch; bei der Menge nämlich.

Sokrates. Und nicht wahr, dieses „bei der Menge" heißt doch soviel als bei den Unkundigen? Denn bei den

Wissenden wird er doch nicht mehr Glauben finden als der Arzt.
Gorgias. Das ist richtig.
Sokrates. Findet er nun mehr Glauben als der Arzt, so findet er mehr Glauben als der Wissende?
Gorgias. Allerdings.
Sokrates. Ohne doch ein Arzt zu sein, nicht wahr?
Gorgias. Ja.
Sokrates. Der Nichtarzt versteht nichts von dem, was der Arzt versteht?
Gorgias. Offenbar.
Sokrates. Der Nichtwissende also findet mehr als der Wissende Glauben unter den Nichtwissenden, wenn der Redner mehr Glauben findet als der Arzt. Folgt dies oder etwas anderes?
Gorgias. Dies folgt hieraus freilich.
Sokrates. Es verhält sich also zu allen Künsten der Redner ebenso und die Redekunst. Die Dinge selbst, wie sie sind, braucht sie nicht zu kennen, sondern nur einen Kunstgriff der Überredung ausgefunden zu haben, so daß sie das Ansehen bei den Nichtwissenden gewinnt, mehr zu verstehen als die Wissenden.
14. Gorgias. Ist es nun nicht ein großer Vorteil, Sokrates, daß man die anderen Künste nicht gelernt zu haben braucht, sondern nur diese einzige, um hinter den Meistern in jenen nicht zurückzustehen?
Sokrates. Ob der Redner, weil es sich so mit ihm verhält, hinter jenen anderen zurücksteht oder nicht, das wollen wir nachher überlegen, wenn es uns zur Sache dient. Jetzt laß uns dies zuerst erwägen, ob auch hinsichtlich des Gerechten und Ungerechten, des Schönen und Unschönen, des Guten und Üblen, der Redner sich ebenso verhält wie in Hinsicht auf das Gesunde und die anderen Gegenstände der andern Künste; nämlich daß er von der Sache selbst nichts weiß, was gut oder übel, schön oder unschön, gerecht oder ungerecht ist, sondern nur Überredung sich er-

künstelt hat, so daß er ein Nichtwissender unter den Nichtwissenden dafür gilt, mehr zu wissen als ein Wissender. Oder ist es nötig, daß derjenige dieser Dinge kundig sei und mit vorgängiger Kenntnis derselben zu dir kommen muß, welcher die Redekunst lernen will? Wo aber nicht, wirst dann du, der Lehrer der Redekunst, den Ankömmling dieses nicht lehren, da es deine Sache nicht ist, sondern ihn nur dahin bringen, daß er der Menge auch dieses zu wissen scheine, ohne es zu wissen, und gut zu sein scheine, ohne es zu sein? Oder wirst du überhaupt nicht imstande sein, ihn die Redekunst zu lehren, wenn er nicht hierüber vorher das Richtige weiß? Oder wie steht es damit, lieber Gorgias? Ja, beim Zeus, enthülle nun, wie du eben sagtest, die ganze Kraft der Redekunst und sage, worin sie besteht.

Gorgias. Ich meine, Sokrates, wenn er jenes zufällig noch nicht wissen sollte, so wird er auch das von mir lernen.

Sokrates. Halt! denn das ist vortrefflich gesagt. Wenn du also einen zum Redner machen sollst, muß er da notwendig vorher wissen, was Recht und Unrecht ist, oder es später bei dir lernen?

Gorgias. Jawohl.

Sokrates. Wie weiter? Ist nun der, welcher die Baukunst gelernt hat, ein Baumeister oder nicht?

Gorgias. Ja.

Sokrates. Und wer die Tonkunst, ein Tonkünstler?

Gorgias. Ja.

Sokrates. Und wer die Heilkunde, ein Heilkundiger, und so auch im übrigen nach derselben Regel, wer etwas gelernt hat, ist ein solcher, wozu ihn diese Wissenschaft macht?

Gorgias. Freilich wohl.

Sokrates. Also, nach demselben Verhältnis, wer das Recht gelernt hat, ist gerecht?

Gorgias. Jedenfalls doch.

Sokrates. Der Gerechte aber handelt doch gerecht.

Gorgias. Ja.

Sokrates. Also notwendig ist der Redner gerecht, und der Gerechte handelt gerecht?
Gorgias. Es scheint so.
Sokrates. Niemals also wird der Gerechte Unrecht tun wollen?
Gorgias. Natürlich.
Sokrates. Zufolge dieser Bestimmung muß der Redner notwendig gerecht sein.
Gorgias. Ja.
Sokrates. Niemals also wird der Redner Unrecht tun wollen.
Gorgias. Offenbar nicht.
15. Sokrates. Erinnerst du dich nun, kurz vorher gesagt zu haben, man müsse den Meistern der Leibesübungen nicht die Schuld geben, noch sie aus der Stadt verweisen, wenn der Faustkämpfer seine Kunst nicht richtig gebraucht und Unrecht tut? Ebenso wenn ein Redner die Redekunst ungerecht anwende, müsse man nicht dem Lehrer die Schuld geben, noch ihn aus der Stadt verweisen, sondern dem Unrechttuenden und die Redekunst nicht richtig Anwendenden? Ist das gesagt worden oder nicht?
Gorgias. Das ist gesagt worden.
Sokrates. Nun aber zeigt sich, daß dieser nämliche, der Redner, niemals Unrecht tut. Oder nicht?
Gorgias. Ja.
Sokrates. Auch im Anfange unseres Gesprächs, Gorgias, wurde ja gesagt, die Redekunst habe es in ihren Reden nicht mit dem Geraden und Ungeraden, sondern mit dem Gerechten und Ungerechten zu tun. Nicht wahr?
Gorgias. Ja.
Sokrates. Damals, als du dies sagtest, verstand ich dich nun so, die Redekunst könne niemals etwas Ungerechtes sein, da sie ja alles in bezug auf die Gerechtigkeit in ihren Reden verhandelt. Da du nun bald darauf sagtest, der Redner könne wohl auch sich der Redekunst ungerecht bedienen, so habe ich, hierüber verwundert und in der Mei-

nung, das Gesprochene stimme nicht zusammen, das gesagt, daß, wenn du es für einen Gewinn hieltest, überführt zu werden, wie ich es dafür halte, es dann lohnte, uns weiter zu besprechen, wo aber nicht, wir es besser unterließen. Im Verlauf unserer weiteren Betrachtung siehst du nun selbst, daß hinwiederum zugestanden ist, daß unmöglich der Redner die Redekunst ungerecht gebrauchen könne oder Unrecht tun wolle. Wie es nun eigentlich damit steht, genügend zu untersuchen, dazu, Gorgias, mag, beim Hunde, eine gar nicht kurze Unterredung erfordert werden.

16. Polos. Wie denn, Sokrates? Denkst du auch wirklich so über die Redekunst, wie du jetzt sprichst? Oder glaubst du, weil Gorgias sich scheute, dir zu bestreiten, der Redner wisse um das Gerechte und das Schöne und das Gute und er werde, wenn einer dies nicht wissend zu ihm käme, es ihn selbst lehren, und wenn infolge dieses Zugeständnisses etwas Widersprüchliches sich in seinen Gedanken ergab, wie du es ja liebst, indem du selbst ihn auf derartige Fraglichkeiten hinführst – denn wer, meinst du wohl, würde leugnen wollen, daß er das Gerechte kenne und es andre lehren könne? Aber auf so etwas das Gespräch hinzuführen, ist sehr ungebildet[10].

Sokrates. Schönster Polos, darum bemühen wir uns ja so eifrig um Anhänger und Söhne, damit wir, wenn wir selbst alt werden und straucheln, euch Jüngere haben, die mit Worten und Werken unser Leben wieder aufrichten. So auch jetzt, wenn Gorgias und ich in dieser Untersuchung straucheln, tritt du heran und richte uns auf. Du bist ja gerecht. Auch will ich dir zugestehen, wenn dir etwas von dem, was zugestanden ist, nicht sinngemäß zugestanden scheint, zurückzunehmen, was immer du willst, wenn du mir nur eins beachten willst.

Polos. Was meinst du damit?

Sokrates. Die Langrednerei, Polos, wenn du die nur zurückhältst, die du anfangs schon anzuwenden versuchtest.

Polos. Wie denn? Ich darf nicht sagen, soviel ich will?

Sokrates. Schlimmes geschähe dir da, mein Bester, wenn du nach Athen gekommen, wo in ganz Hellas die größte Redefreiheit herrscht, dann hier als einziger an ihr nicht teilhaben solltest. Aber setze auch dagegen: wenn du weitläufig redest und nicht das Gefragte beantworten willst, daß auch mir Schlimmes geschähe, wenn ich nicht weggehen dürfte, ohne dich zu hören. Wenn du jedoch dich des aufgestellten Satzes annehmen und ihn berichtigen willst, so nimm, wie ich eben sagte, zurück, was dir beliebt, und dann nach der Ordnung fragend und befragt, wie ich und Gorgias, überführe mich und laß dich überführen. Denn auch du rühmst dich doch, eben darauf dich zu verstehen, worauf Gorgias, oder nicht?
Polos. O ja.
Sokrates. Forderst du nicht auch jeden auf, dich zu fragen, was jeder will, im Bewußtsein, daß du dich aufs Antworten verstehst?
Polos. Allerdings.
Sokrates. So tue denn auch jetzt, was von beiden du willst, frage oder antworte.
17. Polos. Gut, das will ich tun. So antworte mir denn, Sokrates, da du doch meinst, Gorgias wisse keinen Rat wegen der Redekunst, wofür erklärst du sie denn?
Sokrates. Fragst du etwa, was für eine Kunst sie nach meiner Meinung ist?
Polos. Jawohl.
Sokrates. Gar keine, Polos, um dir die Wahrheit zu sagen.
Polos. Aber was dünkt dich denn die Redekunst zu sein?
Sokrates. Dasjenige, wovon du in der Schrift, die ich neulich gelesen, behauptest, daß es die Kunst hervorbringe.
Polos. Was meinst du doch wohl?
Sokrates. Eine gewisse Geschicklichkeit meine ich.
Polos. Also eine Geschicklichkeit dünkt dich die Redekunst zu sein?
Sokrates. Ja, wenn du nicht etwas anderes sagst.

Polos. Und eine Geschicklichkeit worin?

Sokrates. In der Hervorbringung einer gewissen Lust und eines Wohlgefallens.

Polos. Dünkt dich also nicht die Redekunst etwas Schönes zu sein, insofern man imstande ist, sich den Menschen wohlgefällig zu machen?

Sokrates. Was denn, Polos? Hast du etwa schon von mir erfahren, was sie meiner Meinung nach ist, daß du schon das Weitere fragst, ob ich sie nicht für etwas Schönes halte?

Polos. Habe ich denn nicht erfahren, daß sie deiner Meinung nach eine Geschicklichkeit ist?

Sokrates. Willst du wohl, da du auf das Gefälligsein so viel Wert legst, mir auch in einer Kleinigkeit gefällig sein?

Polos. Sehr gern.

Sokrates. So frage mich doch, was für eine Kunst die Kochkunst mir zu sein scheint?

Polos. Ich frage dich also, was für eine Kunst ist die Kochkunst?

Sokrates. Gar keine, Polos.

Polos. Aber was denn, sprich?

Sokrates. So sage ich es denn, eine Geschicklichkeit.

Polos. Was doch für eine? Sage an.

Sokrates. Ich sage also in der Hervorbringung einer gewissen Lust und eines Wohlgefallens, Polos.

Polos. Einerlei ist also Kochkunst und Redekunst?

Sokrates. Keineswegs, sondern nur ein Teil derselben Beschäftigung.

Polos. Welche meinst du denn?

Sokrates. Wenn es nur nicht unartig ist, die Wahrheit herauszusagen, denn ich trage wirklich Bedenken, des Gorgias wegen es zu sagen, damit er nicht glaube, ich wolle seine Beschäftigung ins Lächerliche ziehen. Allein ich weiß ja nicht, ob dies die Redekunst ist, die Gorgias treibt; denn eben jetzt aus dem Gespräch ist uns nicht klargeworden, was er wohl davon halte. Was ich aber die Redekunst nenne, das ist ein Teil einer Sache, die gar nicht unter die schönen gehört.

Gorgias. Was doch für einer, Sokrates? Sage es nur, ohne mich zu scheuen.

18. Sokrates. Sie ist, wie mir scheint, Gorgias, eine Betätigung, die zwar nicht kunstmäßig ist, aber eine gewandte, mutige und von Natur zum Umgang mit Menschen befähigte Seele erfordert. Das Wesentliche derselben aber nenne ich Schmeichelei[11]. Diese Betätigung nun scheint mir viele andere Teile zu haben, wovon einer auch die Kochkunst ist, die für eine Kunst zwar gehalten wird, nach meiner Meinung aber keine Kunst ist, sondern nur eine Geschicklichkeit und Fertigkeit. Von derselben nun betrachte ich als einen Teil auch die Redekunst, die Putzkunst und die Sophistik: vier Teile für vier Gegenstände. Wenn also Polos mich ausfragen will, so tue er es. Denn er hat noch nicht erfahren, welchen Teil der Schmeichelei ich unter der Redekunst verstehe; vielmehr ist es ihm entgangen, daß ich dies noch nicht beantwortet habe, er aber fragt zu, ob ich sie nicht für etwas Schönes halte. Ich werde ihm aber nicht eher antworten, ob ich die Redekunst für etwas Schönes oder Unschönes halte, bis ich ihm zuvor geantwortet habe, was sie ist. Denn das wäre nicht recht, Polos. Also wenn du es erfahren willst, so frage, welchen Teil der Schmeichelei ich unter der Redekunst verstehe.

Polos. So frage ich denn, und du antworte, was für ein Teil sie ist.

Sokrates. Ob du wohl auch verstehen magst, was ich antworte? Nämlich nach meiner Erklärung ist die Redekunst von einem Teile der Staatskunst das Schattenbild.

Polos. Wie nun? Sagst du, sie sei etwas Schönes oder Unschönes.

Sokrates. Etwas Unschönes. Denn das Schlechte nenne

ich unschön, da ich dir doch antworten soll, als wüßtest du schon, was ich meine.

Gorgias. Beim Zeus, Sokrates, auch ich selbst verstehe nicht, was du meinst.

Sokrates. Wohl glaublich, Gorgias. Denn ich habe auch noch nichts Bestimmtes gesagt. Aber Polos, dies Füllen, ist jung und heftig[12].

Gorgias. Also laß nur diesen und sage mir, wie du denn meinst, die Redekunst sei von einem Teile der Staatskunst das Schattenbild.

Sokrates. Wohl, ich will versuchen zu erklären, was mir die Redekunst zu sein scheint, und wenn sie dies nicht sein sollte, so mag mich Polos widerlegen. Du nennst doch etwas Leib und Seele?

Gorgias. Natürlich.

Sokrates. Und glaubst auch, daß es ein Wohlbefinden dieser beiden gibt?

Gorgias. Auch das.

Sokrates. Wie weiter? Auch ein scheinbares Wohlbefinden, das keines ist? Ich meine dergleichen: Viele haben das Ansehen, sich leiblich ganz wohl zu befinden, denen nicht leicht jemand anmerken würde, daß sie sich nicht wohl befinden, außer etwa ein Arzt und ein Meister in den Leibesübungen.

Gorgias. Ganz recht.

Sokrates. Dergleichen nun, sage ich, gibt es im Leib und in der Seele, was bewirkt, daß man sich wohl zu befinden scheint, dem Leibe oder der Seele nach, man befindet sich aber deshalb doch nicht so.

Gorgias. So ist es.

19. Sokrates. Wohlan denn; ich will dir nun, wenn es möglich ist, noch deutlicher zeigen, was ich meine. Für diese zwei Dinge setze ich zwei Künste und nenne die für die Seele die Staatskunst, die aber für den Leib kann ich dir nicht so als eine benennen, sondern ich setze von dieser einen Besorgung des Leibes wiederum zwei Teile, die

Kunst der Leibesübungen als den einen, die Heilkunst als den andern. So auch in der Staatskunst, entsprechend der Gymnastik die Gesetzgebung, entsprechend aber der Heilkunst die Rechtspflege. So haben jedesmal zwei von diesen als auf denselben Gegenstand sich beziehend etwas miteinander gemein, die Heilkunde mit der Gymnastik und die Rechtspflege mit der Gesetzgebung, doch aber sind sie auch wieder voneinander verschieden. Diese vier nun, welche immer mit Hinsicht auf das Beste die Angelegenheiten, jene beiden des Leibes, diese beiden der Seele besorgen, bemerkt nun die Schmeichelei, nicht erkennt sie dieselben, sage ich, sondern sie spürt und trifft sie nur, teilt sich nun selbst in vier Teile, verkleidet sich in jene Teile und stellt sich nun, das zu sein, worin sie sich verkleidet; und an das Beste gar nicht denkend, sucht sie nur durch das jedesmal Angenehmste den Unverstand zu fangen und zu hintergehen, so daß sie das Ansehen gewinnt, viel wert zu sein. In die Heilkunst nun verkleidet sich die Kochkunst und gibt sich den Schein zu wissen, was die besten Speisen für den Leib sind, so daß, wenn vor Kindern oder auch vor Männern, die so unverständig wären wie die Kinder, ein Arzt und ein Koch sich um den Vorzug streiten sollten, wer von beiden sich auf heilsame und schädliche Speisen verstände, der Arzt oder der Koch, so müßte der Arzt Hungers sterben. Dies nun nenne ich Schmeichelei, und so etwas halte ich für häßlich, lieber Polos, denn zu dir sage ich dies, weil sie das Angenehme ohne das Beste zu treffen sucht. Daß sie aber eine Kunst ist, leugne ich, vielmehr nur eine Geschicklichkeit, weil sie keine Einsicht hat von dem, was sie anwendet, was es wohl seiner Natur nach ist, und also den Grund von einem jeden nicht anzugeben weiß; ich aber kann nichts Kunst nennen, was ein grundloses Ding ist. Und bist du etwa hierüber anderer Meinung, so will ich dir Rede stehen.

20. In die Heilkunst also, wie gesagt, verkleidet sich die kochkundige Schmeichelei, in die Gymnastik aber auf die-

selbe Weise die putzkundige, die ganz verderblich und betrügerisch, unedel und unfrei ist und durch Gestalten und Farben, durch Glätte und Bekleidung die Menschen so betrügt, daß sie, mit fremder Schönheit angetan, die eigene, welche durch die Kunst der Leibesübungen entsteht, vernachlässigen. Um nun nicht weitläufig zu werden, will ich es dir nach Art der Mathematiker deutlich machen, denn nun wirst du ja wohl schon folgen können. Wie sich nämlich die Putzkunst zur Gymnastik verhält, so die Kochkunst zur Heilkunst, oder vielmehr so, wie die Putzkunst zur Gymnastik, so die Sophistik zur Gesetzgebung, und wie die Kochkunst zur Heilkunst, so die Redekunst zur Rechtspflege. Was ich meine, ist nämlich: So groß ist nach ihrem Wesen ihr Abstand voneinander; weil sie aber äußerlich nahestehen, so vermengen sich Sophisten und Redner in demselben Gebiet und in bezug auf dieselben Dinge und wissen weder selbst, wie sie sich stellen sollen, noch wissen die anderen Menschen etwas mit ihnen anzufangen. Denn wenn die Seele nicht den Leib beherrscht, sondern dieser sich selbst, daß also von jener nicht Kochkunst und Heilkunst gesichtet und unterschieden würden, sondern der Leib selbst nach Maßgabe des für ihn Wohlgefälligen urteilen müßte, so würde es mit jenem Satze des Anaxagoras[13] gar weit gehen, lieber Polos, denn du bist dieser Dinge ja kundig: nämlich alle Dinge würden alles zugleich sein, untereinander gemischt, und ungesondert bliebe das Gesunde und Heilkunstmäßige von dem Kochkunstmäßigen. Was ich nun unter der Redekunst verstehe, hast du gehört, nämlich ein Gegenstück der Kochkunst für die Seele, wie jene für den Leib ist. Vielleicht ist es ungeschickt von mir, daß, während ich dich nicht lange Reden halten ließ, selbst ziemlich lang die Rede ausgedehnt habe; billig aber muß man mir dies verzeihen. Denn als ich kurz redete, verstandest du mich nicht und wußtest nichts mit der Antwort, die ich dir gab, anzufangen, sondern bedurftest einer Erörterung. Wenn nun auch ich mit deinen Antworten nichts anzufangen weiß, dann dehne auch du die Rede aus, weiß ich es aber, so laß mich gewähren, denn so ist es gerecht. Auch jetzt also, wenn du mit dieser Antwort etwas zu machen weißt, so tue es.

21. Polos. Was meinst du also? Für Schmeichelei hältst du die Redekunst?

Sokrates. Von der Schmeichelei, sagte ich, wäre sie ein Teil. Hast du kein Gedächtnis in deinen Jahren, Polos? Was soll daraus werden?

Polos. Meinst du denn, daß in den Staaten die guten Redner wie Schmeichler für schlecht gelten?

Sokrates. Richtest du da eine Frage an mich, oder ist das der Anfang einer Rede?

Polos. Ich frage dich.

Sokrates. Nun denn, sie gelten für gar nichts, meine ich.

Polos. Wie? Sie gelten für nichts? Haben sie nicht die größte Macht unter allen im Staate?

Sokrates. Nein, wenn du unter dem Macht-Haben verstehst, daß es etwas Gutes für den ist, welcher sie hat.

Polos. Das behaupte ich allerdings.

Sokrates. Dann, dünkt mich, haben die Redner unter allen im Staate am wenigsten Macht.

Polos. Wie? Töten sie nicht wie die Tyrannen, wen sie wollen, und berauben des Vermögens und vertreiben aus dem Staate, wie ihnen gutdünkt?

Sokrates. Beim Hunde. Ich bin doch immer zweifelhaft, Polos, bei allem, was du sagst, ob du das selbst sagst und deine Meinung aussprichst, oder ob du mich fragst.

Polos. Freilich frage ich dich.

Sokrates. Nun gut, mein Lieber, dann richtest du an mich zwei Fragen zugleich.

Polos. Wieso zwei?

Sokrates. Sagtest du nicht eben ungefähr so, daß die Redner töten, wen sie wollen, und des Vermögens berauben und aus dem Staate vertreiben, wen ihnen gutdünkt?

Polos. Ja.

22. Sokrates. So sage ich dir denn, daß dies zwei Fragen sind, und daß ich dir auf beide antworten will. Ich behaupte nämlich, Polos, daß die Redner und die Tyrannen am wenigsten Macht im Staate haben, wie ich soeben sagte. Denn sie tun nichts von dem, was sie wollen, um es geradeheraus zu sagen, sondern sie tun das, was ihnen am besten zu sein scheint.

Polos. Heißt das nicht große Macht haben?

Sokrates. Nein, wie wenigstens Polos sagt.

Polos. Ich sagte nein? ich sage eben ja.

Sokrates. Beim –, du wohl nicht, da du ja behauptetest, große Macht sei etwas Gutes für den, der sie hat.

Polos. Das behaupte ich allerdings.

Sokrates. Meinst du also, das sei gut, wenn einer das, was er für das Beste hält, tut, ohne daß er Erkenntnis hat? Und nennst du das große Macht haben?

Polos. Nein, das nicht.

Sokrates. Wirst du mich nun widerlegen und beweisen, daß die Redner Erkenntnis haben und die Redekunst eine Kunst, nicht bloße Schmeichelei ist? Wenn du mich aber unwiderlegt läßt, so werden die Redner, wenn sie in den Staaten tun, was sie gutdünkt, und so auch die Tyrannen, hieran nichts Gutes besitzen. Und große Macht haben soll doch, wie du behauptest, etwas Gutes sein. Tun aber, was einen bedünkt ohne Erkenntnis, das räumst auch du ein, sei ein Übel; oder nicht?

Polos. Ja.

Sokrates. Wie also sollten wohl Redner oder auch Tyrannen im Staate eine große Macht besitzen, wenn nicht dem Sokrates zuvor von Polos bewiesen wird, daß sie tun, was sie wollen?

Polos. Dieser Mensch ...

Sokrates. Ich leugne, daß sie tun, was sie wollen. Widerlege mich doch.

Polos. Hast du nicht eben zugegeben, daß sie täten, was

ihnen das Beste zu sein scheint, vor einem Augenblick noch?

Sokrates. Das gebe ich auch noch zu.

Polos. Tun sie also nicht, was sie wollen?

Sokrates. Das leugne ich.

Polos. Und sie tun doch, was ihnen gutdünkt?

Sokrates. Ja.

Polos. Das ist ja etwas ganz Erstaunliches und Unbegreifliches, was du sagst, Sokrates.

Sokrates. O hochgelobter Polos – um dich nach deiner Weise anzureden[14] –, geh nicht so hart mit mir um, sondern wenn du mich zu fragen verstehst, so zeige, daß ich unrecht habe, wo nicht, so antworte selbst.

Polos. Gut, ich will antworten, um doch auch zu erfahren, was du meinst.

23. Sokrates. Denkst du denn, daß die Menschen dasjenige wollen, was sie jedesmal tun, oder vielmehr jenes, um deswillen sie das tun, was sie tun? Meinst du, daß die, welche Arznei von den Ärzten einnehmen, das wollen, was sie tun, nämlich Arznei einnehmen und Schmerzen haben, oder die Gesundheit, um derentwillen sie dieselbe nehmen?

Polos. Offenbar die Gesundheit, um derentwillen sie die Arznei nehmen.

Sokrates. So ist auch bei den Seefahrern und denen, die ein anderes Gewerbe treiben, das, was sie wollen, nicht das, was sie jedesmal tun. Denn wer will wohl zu Schiffe sein und in Gefahr schweben und sich plagen? Sondern das, denke ich, wollen sie, um deswillen sie zu Schiffe gehen, reich werden; denn um des Reichtums willen gehen sie zu Schiffe.

Polos. Allerdings.

Sokrates. Ist es nun nicht eben so in allen Dingen? Wenn jemand etwas um eines andern willen tut, so will er nicht das, was er tut, sondern das, um deswillen er es tut.

Polos. Ja.

Sokrates. Gibt es nun wohl etwas, das nicht entweder gut oder übel wäre, oder zwischen beiden, weder gut noch übel?

Polos. Ganz notwendig muß einer der Fälle stattfinden, Sokrates.

Sokrates. Sagst du nun nicht, daß gut die Weisheit ist und die Gesundheit und der Reichtum und das übrige der Art, übel aber das Gegenteil davon?

Polos. Allerdings.

Sokrates. Weder gut noch übel aber nennst du dergleichen, was bisweilen mit dem Guten zusammenhängt, bisweilen mit dem Übel, bisweilen mit keinem von beiden, wir sitzen und gehen, laufen und schiffen, und hinwiederum auch Steine und Hölzer und anderes dergleichen. Meinst du nicht dies? oder meinst du etwas anderes, das weder gut noch böse ist?

Polos. Nichts anderes, sondern dieses.

Sokrates. Tut man nun etwa dies Mittlere um des Guten willen, wenn man es tut, oder das Gute um des Mittleren willen?

Polos. Das Mittlere doch wohl um des Guten willen.

Sokrates. Dem Guten also nachtrachtend gehen wir, wenn wir gehen, weil wir meinen, daß es das Beste sei, und wenn wir im Gegenteil stehen, so stehen wir um des nämlichen willen, des Guten. Oder nicht?

Polos. Ja.

Sokrates. Also töten wir auch, wenn wir jemand töten, vertreiben ihn und berauben ihn des Vermögens, in der Meinung, es sei uns besser dieses zu tun, als es zu unterlassen?

Polos. Jawohl.

Sokrates. Um des Guten willen also tut alles dieses, wer es tut.

Polos. Das meine ich.

24. Sokrates. Haben wir nun nicht zugegeben, was

wir um eines andern willen tun, dieses selbst wollten wir eigentlich nicht, sondern nur jenes, um deswillen wir es eigentlich tun?

Polos. Gewiß.

Sokrates. Also wollen wir nicht so schlechthin hinrichten und des Landes verweisen und des Vermögens berauben, sondern wenn uns dergleichen nützlich ist, wollen wir es tun, ist es uns aber schädlich, dann nicht. Denn nur das Gute wollen wir, wie du behauptest, das aber, was weder gut noch übel ist, wollen wir nicht, noch auch das Üble. Nicht wahr? Dünkt dich, daß ich recht habe, Polos, oder nicht? Warum antwortest du nicht?

Polos. Du hast recht.

Sokrates. Wenn wir also darüber einig sind, so wird, wenn jemand, mag es ein Tyrann oder Redner sein, einen hinrichten läßt oder aus dem Staate vertreibt oder seines Vermögens beraubt, in der Meinung, es sei für ihn selbst das beste, während es in der Tat das schlimmste für ihn ist, dieser allerdings tun, was ihn gut dünkt; nicht wahr?

Polos. Ja.

Sokrates. Aber auch was er will, wenn es doch ein Übel für ihn ist? Was antwortest du nicht?

Polos. Nein also; er scheint mir nicht zu tun, was er will.

Sokrates. Kann man also wohl sagen, ein solcher hat eine große Macht in diesem Staate, wenn doch der Besitz großer Macht, wie du einräumtest, etwas Gutes ist?

Polos. Das ist nicht möglich.

Sokrates. Recht also hatte ich, als ich sagte, es könne gar wohl ein Mensch, der im Staate tut, was ihm beliebt, dennoch keine große Macht haben, noch auch tun, was er will.

Polos. Also du, Sokrates, wünschest nicht, daß dir erlaubt wäre zu tun, was dich gutdünkt im Staate, lieber als es nicht zu können, und beneidest auch den nicht, den du einen ums Leben bringen sähest nach eigenem Gutdünken oder das Eigentum wegnehmen oder einen ins Gefängnis werfen?

Sokrates. Meinst du rechtmäßig oder unrechtmäßig?

Polos. Wie er es auch tue, ist er nicht in beiden Fällen zu beneiden?

Sokrates. Still, Polos.

Polos. Warum denn?

Sokrates. Man soll ja wohl weder die nicht zu Beneidenden beneiden noch die Elenden, sondern bedauern.

Polos. Und wie? so meinst du, stehe es mit denen, von welchen ich rede?

Sokrates. Allerdings.

Polos. Wer also einen nach eigenem Gutdünken töten kann, der dünkt dich, wenn er ihn mit Recht tötet, elend und bedauernswert zu sein?

Sokrates. Das nicht; doch auch nicht beneidenswert.

Polos. Behauptetest du nicht eben, er sei ein Elender?

Sokrates. Von dem, der unrechtmäßig tötet, lieber Freund, und daß er bedauernswürdig dazu wäre; wer es aber rechtmäßig tut, ist nicht zu beneiden.

Polos. Ist vielmehr nicht der, welcher unrechtmäßigerweise sterben muß, bedauernswert und elend?

Sokrates. Weniger als der ihn tötete, lieber Polos, und auch weniger, als der mit Recht tötete.

Polos. Wieso denn, Sokrates?

Sokrates. Wie nämlich Unrechttun das größte aller Übel ist.

Polos. Also dies ist das größte? nicht Unrecht leiden größer?

Sokrates. Keineswegs.

Polos. Du also wolltest lieber Unrecht leiden als Unrecht tun?

Sokrates. Ich wollte wohl keins von beiden; müßte ich aber Unrecht tun oder Unrecht leiden, so würde ich vorziehen, lieber Unrecht zu leiden, als Unrecht zu tun.

Polos. Du möchtest also nicht ein Tyrann sein?

Sokrates. Nein, wenn du darunter dasselbe verstehst wie ich.

Polos. Ich verstehe darunter, wie ich eben sagte, daß man Macht habe, im Staate zu tun, was einen gutdünkt, zu töten, zu vertreiben und alles nach eigenem Ermessen zu tun.

25. Sokrates. Mein Bester, laß mich nun reden und greife mich mit Gründen an. Wenn ich auf vollem Markt mit einem Dolch unter dem Arm zu dir spräche: Polos, zu einer wunderbaren Gewalt und Herrschaft bin ich jetzt gelangt. Denn wenn es mir gefiele, daß irgendeiner von diesen Menschen, die du hier siehst, sogleich sterben sollte, so wird er sterben nach meinem Belieben. Und wenn es mir einfällt, einem den Kopf zu spalten, so würde er sogleich gespalten sein; und wenn es mir gefällt, einem das Kleid zu zerreißen, so wäre es zerrissen. Solche Macht habe ich in dieser Stadt. Wenn du es dann bezweifeltest und ich dir den Dolch zeigte, so würdest du mir vielleicht sagen: Ja, auf diese Art, Sokrates, kann jeder eine große Macht haben. Auf diese Weise könnte einer auch jedes Haus in Brand stecken, was ihm einfiele, und der Athener Schiffswerften und Galeeren und alle Schiffe, die dem Staate oder einzelnen gehören. Aber das heißt nicht mächtig sein, auf diese Art tun, was einen gutdünkt. Oder meinst du?

Polos. Nein, so freilich nicht.

Sokrates. Kannst du nun wohl sagen, warum du eine solche Macht tadelst?

Polos. Das kann ich.

Sokrates. Wieso? sprich.

Polos. Weil notwendig der, welcher so zu Werke geht, Strafe erleiden muß.

Sokrates. Und ist das Strafeleiden nicht ein Übel?

Polos. Jawohl.

Sokrates. Also, du Wunderlicher, zeigt sich dir schon wieder das Mächtigsein nur da, wo einem, indem er tut, was ihm beliebt, auch dies damit verbunden ist, daß er es zu seinem Vorteil tue und daß es gut sei. Und eben dies nun, wie es scheint, ist das Mächtigsein, wenn aber nicht, und es ein Übel ist, dann ist es ohnmächtig sein. Laß uns auch dies erwägen. Geben wir nicht zu, daß es bisweilen besser ist, dies zu tun, was wir eben anführten, Menschen zu töten und zu verbannen und des Eigentums zu berauben, bisweilen aber auch nicht?

Polos. Freilich.

Sokrates. Dies also, wie es scheint, wird von dir wie von mir eingestanden.

Polos. Jawohl.

Sokrates. Wann also, meinst du, daß es besser sei dies zu tun? Sprich, welche Grenzen setzest du fest?

Polos. Gerade dies, Sokrates, beantworte *du* mir doch.

Sokrates. Ich also, lieber Polos, wenn es dir doch angenehmer ist, dies von mir zu hören, behaupte, besser ist es, wenn einer dies rechtmäßig, schlimmer aber, wenn er es unrechtmäßig tut.

26. Polos. Schwer ist es, freilich, dich zu widerlegen, Sokrates! Aber könnte dir nicht schon ein Kind beweisen, daß du unrecht hast?

Sokrates. So werde ich dem Kinde großen Dank wissen und ebenso auch dir, wenn du mich widerlegst und von der Torheit befreist. Also laß dir's nicht beschwerlich sein, einem Freunde dich wohltätig zu zeigen, und widerlege mich.

Polos. Wohl denn, Sokrates, es ist gar nicht nötig, dich durch alte Tatsachen zu widerlegen; sondern was gestern und ehegestern sich ereignet hat, wird genügen, dich zu widerlegen und zu beweisen, daß viele Menschen, welche Unrecht tun, glücklich sind.

Sokrates. Welche wären denn das?

Polos. Du siehst doch den Archelaos[15], des Perdikkas Sohn, der über Makedonien herrscht?

Sokrates. Wenigstens höre ich von ihm.

Polos. Dünkt dich nun der glücklich zu sein oder unglücklich?

Sokrates. Ich weiß nicht, Polos; denn ich habe nie Umgang mit dem Manne gehabt.

Polos. Wie doch? Nur im Umgang würdest du es erkennen; sonst aber von hier aus kannst du nicht erkennen, daß er glücklich ist?

Sokrates. Beim Zeus, nicht recht.

Polos. Offenbar also, Sokrates, wirst du auch sagen, du wüßtest vom großen Könige nicht, ob er glückselig ist[16].

Sokrates. Und ganz mit Recht werde ich das sagen. Denn ich weiß ja nicht, wie es um seine Bildung und Gerechtigkeit steht.

Polos. Wie? darin besteht also die ganze Glückseligkeit?

Sokrates. Wie ich wenigstens behaupte, Polos. Denn den tugendlichen Mann und das tugendliche Weib nenne ich glückselig; den Ungerechten aber und Schlechten unglücklich.

Polos. Unglücklich also ist dieser Archelaos nach deiner Meinung.

Sokrates. Wenn er ungerecht ist, mein Lieber.

Polos. Wie sollte er denn nicht ungerecht sein, dem ja von der Herrschaft gar nichts gebührte, die er jetzt hat, da er von einer Mutter geboren ist, welche dem Alketas, dem Bruder des Perdikkas, als Sklavin gehörte. Nach dem Recht also wäre er des Alketas Sklave gewesen, und wollte er gerecht handeln, so hätte er dem Alketas gedient und wäre dann glücklich nach deiner Ansicht gewesen. Nun aber ist er ganz über die Maßen unglücklich geworden, da er so äußerst ungerecht gehandelt hat, indem er zuerst eben diesen seinen Herrn und Oheim zu sich einlud, als wolle er ihm die Herrschaft übergeben, welche Perdikkas ihm geraubt hatte, darauf ihn und seinen Sohn Alexander, seinen eigenen Vetter, also fast von gleichem Alter mit ihm selbst, beide bewirtete und trunken machte, dann sie auf einen Wagen werfen, bei Nacht fortschaffen und beide umbringen ließ, daß niemand wußte, wo sie geendet haben. Und nach solcher ungerechten Tat merkte er gar nicht, daß er der unglücklichste Mensch geworden war. Auch gereute es ihn gar nicht, sondern er wollte noch immer nicht glücklich werden, dadurch daß er seinen Bruder, den echten Sohn des Perdikkas, einen siebenjährigen Knaben, dem nun nach dem Rechte die Regierung zukam, auferzogen und sie ihm übergeben hätte. Vielmehr ließ er diesen bald darauf in einen Brunnen werfen und ersäufen und sagte zu seiner Mutter Kleopatra, er sei einer Gans nachgelaufen und so hineingefallen. Da also dieser gewiß unter allen in Makedonien am ungerechtesten gehandelt hat, ist er auch der unglücklichste aller Makedonier. Und vielleicht möchten alle Athener, du voran, lieber jeder andere Makedonier sein als Archelaos.

27. Sokrates. Gleich zu Anfang unserer Untersuchung habe ich dich gelobt, Polos, daß mir schien, du habest dich sehr gut in der Redekunst gebildet, während du freilich dabei die Unterredungskunst vernachlässigt hast. Auch jetzt, nicht wahr, ist dies nun die Rede, womit auch ein Kind mich widerlegen könnte, und ich bin also nun, wie du meinst, durch diese Rede widerlegt mit meiner Behauptung, daß der, welcher unrecht handle, nicht glücklich sein könne. Woher denn, mein Guter? Gebe ich dir doch nichts zu von allem, was du sagst.

Polos. Du willst eben nicht, denkst aber doch gewiß ebendas, was ich sagte.

Sokrates. Mein Trefflicher, du suchst mich auf rednerische Art zu überführen, wie die, welche auch an der Gerichtsstätte Beweis zu führen sich einbilden. Denn auch da glaubt ein Teil, den andern überführt zu haben, wenn er für seine Behauptung, die er vorträgt, viele und angesehene Zeugen beibringen kann, der Gegenpart aber nur einen oder gar keinen. Ein solcher Beweis aber ist gar nichts wert, wenn man es genau nimmt. Denn gar manches Mal kann einer unter den falschen Zeugnissen vieler erliegen, die etwas zu gelten scheinen. So auch werden dir jetzt in dem, was du sagst, meist alle beistimmen, die Athener und die Fremden. Und wenn du gegen mich Zeugen beibringen willst, daß ich unrecht habe, so werden sich dir dazu hergeben, wenn du willst, Nikias, der Sohn des Nikeratos, samt seinen Brüdern, von denen die Dreifüße herrühren, die nebeneinander im Dionysion stehen, auch wenn du willst, Aristokrates, des Skellias Sohn, von welchem wiederum das schöne Weihgeschenk in Pytho stammt, und wenn du willst, das ganze Haus des Perikles, oder ein anderes Geschlecht, welches von den hiesigen du nur immer wählen magst[17]. Ich aber ganz allein gebe es dir nicht zu. Denn du beweist mir nichts, sondern nur durch Beibringung vieler falscher Zeugen gegen mich versuchst du mich aus meinem Besitztum und der Wahrheit hinauszuwerfen. Ich dagegen, wenn ich nicht dich selbst und allein als Zeugen beibringe, der mir beistimmen muß in dem, was ich sage, will mich dann gar nicht dünken lassen, daß ich etwas Tüchtiges über unsern Gegenstand vorgetragen habe. Ich glaube aber, auch du nicht, wenn nicht ich selbst allein dir Zeugnis gebe und du die anderen allesamt beiseite läßt. Dies ist nun die eine Beweisart, welche du für die rechte hältst und viele andere, und jenes ist die andere, mit der ich es wiederum halte. Laß sie uns also nebeneinanderstellen und achtgeben, ob sie sich in etwas voneinander unterscheiden werden. Ist doch auch das, worüber wir streiten, nichts Kleines, sondern fast wohl dasjenige, worin etwas zu wissen das schönste, nicht zu wissen aber ganz schimpflich ist. Denn das Wesentliche davon ist doch entweder einzusehen oder nicht einzusehen, wer glücklich ist und wer nicht. Gleich zuerst also, wovon wir jetzt reden, meinst du, es könne ein Mensch glücklich sein, der unrecht handelt und ungerecht ist, wenn du doch dafür hältst, Archelaos sei ungerecht und dabei glücklich. Nicht wahr, wir sollen annehmen, daß du so denkst?

Polos. Ja freilich.

28. Sokrates. Ich aber halte es für unmöglich. Über diesen einen Punkt sind wir im Streit. Wohl. Soll nun der Ungerechte etwa glücklich sein, wenn er für sein Unrecht die gebührende Strafe erhält?
Polos. Keineswegs. Denn in dem Falle wäre er freilich sehr unglücklich.
Sokrates. Wenn er also keine Strafe erhält, dann wird der Ungerechte nach deiner Ansicht glücklich sein?
Polos. Ja.
Sokrates. Nach meiner Meinung aber, Polos, ist der Unrechttuende und Ungerechte auf jeden Fall zwar unglücklich, unglücklicher aber, wenn ihm nicht sein Recht widerfährt und er keine Strafe für sein Unrecht erleidet, und weniger unglücklich, wenn ihm Recht widerfährt und er Strafe von Göttern und Menschen erleidet.
Polos. Gar Sonderbares, Sokrates, wagst du zu behaupten.
Sokrates. Doch will ich versuchen, auch dich, lieber Freund, dahin zu bringen, daß du dasselbe wie ich behauptest. Denn ich halte dich für meinen Freund. Worüber wir also uneins sind, das wäre dies. Sieh du nun selbst. Ich sagte doch vorher irgendwo, Unrecht tun wäre schlimmer als Unrecht leiden.
Polos. Jawohl.
Sokrates. Du aber meintest, Unrecht leiden sei es.
Polos. Ja.
Sokrates. Und die Unrechttuenden, behauptete ich, wären unglücklich, und wurde von dir widerlegt.
Polos. Ja, beim Zeus.
Sokrates. Wie du wenigstens meinst, Polos.
Polos. Und wahrscheinlich mit Recht denke ich so.
Sokrates. Und du wiederum behauptetest, die Unrechttuenden wären glücklich, wenn sie keine Strafe zu erleiden kätten.
Polos. Allerdings.
Sokrates. Ich aber behaupte, daß gerade diese die

Unglücklichsten sind, die aber, welche Strafe erleiden, weniger. Willst du auch dies widerlegen?
Polos. Dies soll wohl noch schwerer zu widerlegen sein als jenes.
Sokrates. Das nicht, Polos, sondern unmöglich. Denn die Wahrheit kann nie widerlegt werden.
Polos. Wie meinst du? Wenn ein ungerechter Mensch darüber ertappt wird, daß er etwa unrechtmäßig nach Tyrannenherrschaft strebt und dann gemartert und verstümmelt wird, ihm die Augen ausgebrannt, und nicht nur ihm selbst sonst noch große und vielfältige Qualen angetan werden, sondern er auch Weib und Kind ebenso behandelt sieht und zuletzt ans Kreuz geschlagen oder mit Pech verbrannt wird, der soll glücklicher sein als der, welcher unentdeckt hernach als Tyrann aufsteht und den Staat beherrschend fortlebt, alles durchsetzend, was er will, ein beneidenswerter Mann und glückselig gepriesen von den Bürgern und allen anderen? Dies, meinst du, sei unmöglich zu widerlegen?
29. Sokrates. Du willst mir jetzt bange machen, edler Polos, aber widerlegst mich nicht. Eben riefst du Zeugen auf. Doch hilf mir ein wenig mich erinnern. Wenn er unrechtmäßig nach der Tyrannenherrschaft strebt, sagtest du?
Polos. Das sagte ich.
Sokrates. Glücklicher wird dann freilich keiner von beiden jemals sein, weder der, welcher die Herrschaft unrechtmäßig in Besitz nimmt, noch der, welcher die Strafe erleidet. Denn von zwei Unglücklichen kann keiner ein glücklicherer sein; unglücklicher aber ist der, welcher unentdeckt bleibt und herrscht. Warum, Polos, lachst du darüber? Ist auch dies wieder eine Beweisart, den, welcher etwas sagt, auszulachen, aber nicht zu widerlegen[18]?
Polos. Glaubst du denn nicht schon widerlegt zu sein, Sokrates, wenn du solche Dinge behauptest, die kein Mensch zugeben würde? Frage doch nur einen von diesen.
Sokrates. Polos, ich bin kein Staatsmann. Als ich vor

einem Jahre in den Rat gewählt war und unsere Phyle den Vorsitz hatte und ich die Stimmen einsammeln sollte, erregte ich Gelächter, weil ich gar nicht verstand, die Stimmen zu sammeln[19]. Also mute mir auch jetzt nicht zu, Stimmen von den Anwesenden zu sammeln, sondern wenn du keinen besseren Beweis als diesen hast, so überlaß es nun mir meinerseits, wie ich schon vorhin sagte, und versuche einen Beweis, wie er nach meiner Ansicht sein muß. Nämlich ich verstehe für das, was ich sage, nur einen Zeugen aufzustellen, den, mit dem ich jedesmal rede, die anderen aber lasse ich beiseite, und nur von dem einen weiß ich, die Stimme einzufordern, mit den anderen aber rede ich nicht einmal. Sieh also zu, ob du nun auch an deinem Teile Rede stehen und das Gefragte beantworten willst. Ich nämlich glaube, daß ich und du und alle Menschen das Unrechttun für schlimmer halten als das Unrechtleiden, und das Nichtgestraftwerden als das Gestraftwerden.

Polos. Ich aber glaube dies weder von mir noch von sonst irgendeinem Menschen. Du also möchtest lieber Unrecht leiden als Unrecht tun?

Sokrates. Auch du wohl und alle anderen.

Polos. Weit gefehlt, sondern weder ich noch du, noch sonst irgend jemand.

Sokrates. Willst du also antworten?

Polos. Sehr gern. Denn mich verlangt zu wissen, was du doch sagen wirst.

Sokrates. So sage mir denn, damit du es erfahrest, wie wenn ich dich von vornherein fragte, was von beiden, Polos, scheint dir schlimmer zu sein, das Unrechttun oder das Unrechtleiden?

Polos. Mir wenigstens das Unrechtleiden.

Sokrates. Wie aber nun, was von beiden häßlicher, das Unrechttun oder das Unrechtleiden? Antworte.

Polos. Das Unrechttun.

30. Sokrates. Also auch schlimmer, wenn häßlicher.

Polos. Keineswegs.

Sokrates. Ich verstehe, du hältst dies nicht für einerlei, schön und gut, übel und häßlich.
Polos. Nein.
Sokrates. Wie aber dies? Alles Schöne, wie Körper, Farben, Gestalten, Töne, Handlungen, nennst du die so ohne irgendeine Beziehung auf etwas schön? Wie zuerst schöne Körper, nennst du die nicht entweder in Beziehung auf den Gebrauch schön, wozu jeder nützlich ist? oder in Beziehung auf eine Lust, wenn sie beim Anschauen den Anschauenden ergötzt? Weißt du noch außer diesem etwas über die Schönheit der Körper anzugeben?
Polos. Ich weiß nichts.
Sokrates. Und nennst du nicht ebenso alles andere, Gestalten und Farben, entweder einer Lust wegen schön oder eines Nutzens wegen oder um beider willen?
Polos. Ja.
Sokrates. Nicht auch die Töne und alles, was zur Tonkunst gehört, ebenso?
Polos. Ja.
Sokrates. Ferner das Schöne, was sich auf Gesetze und Berufsarten bezieht, fällt doch nicht jenseits dieser Bestimmung, daß es entweder nützlich sei oder angenehm oder beides?
Polos. Ich denke nicht.
Sokrates. Ebenso ist es wohl auch mit der Schönheit der Wissenschaften?
Polos. Freilich, und sehr schön erklärst du jetzt, Sokrates, indem du das Schöne nach der Lust und dem Guten bestimmst.
Sokrates. Also auch das Häßliche im Gegenteil nach Unlust und Übel?
Polos. Notwendig.
Sokrates. Wenn also von zwei schönen Dingen eins schöner ist, so wird es dies sein, weil es an einem von jenen beiden oder an beiden das andere übertrifft, an Lust oder an Nutzen oder an beiden?

Polos. Allerdings.

Sokrates. Und wenn von zwei häßlichen Dingen das eine häßlicher ist, so wird es dies sein, weil es an Unlust oder Übel das andere übertrifft. Oder ist das nicht notwendig?

Polos. Ja.

Sokrates. Wohlan denn, was wurde eben über das Unrechttun und Unrechtleiden gesagt? Sagtest du nicht, das Unrechtleiden wäre zwar übler, das Unrechttun aber häßlicher?

Polos. Das sagte ich.

Sokrates. Wenn also das Unrechttun häßlicher ist als das Unrechtleiden, so ist es entweder mit mehr Unlust verbunden und würde wegen eines Übermaßes von Unlust häßlicher sein, oder durch Übel, oder durch beides. Folgt nicht auch dies notwendig?

Polos. Wie sollte es nicht?

31. Sokrates. Laß uns denn zuerst betrachten, ob mit dem Unrechttun mehr Schmerz sich verbindet als mit dem Unrechtleiden, und ob die Unrechttuenden größere Schmerzen haben als die Unrechtleidenden.

Polos. Keineswegs, Sokrates, das nicht.

Sokrates. Also der Schmerz überwiegt nicht?

Polos. Nein.

Sokrates. Also wenn der Schmerz nicht überwiegt, dann auch nicht mehr beide?

Polos. Offenbar nicht.

Sokrates. Es bleibt also nur noch das andere übrig.

Polos. Ja.

Sokrates. Das Übel?

Polos. So scheint es.

Sokrates. Wenn nun das Übel beim Unrechttun überwiegt, so wäre ja das Unrechttun übler als das Unrechtleiden?

Polos. Offenbar.

Sokrates. Nicht wahr, von den meisten und auch von

dir war uns vorhin zugegeben worden, das Unrechttun sei häßlicher als das Unrechtleiden?

Polos. Ja.

Sokrates. Nun aber hat es sich doch als übler gezeigt.

Polos. Es scheint so.

Sokrates. Würdest du also das Üblere sowohl als Häßlichere dem Geringeren vorziehen? Zögere nicht zu antworten, Polos, denn es wird dir nichts zuleide geschehen, sondern gib dich nur tapfer der Untersuchung wie einem Arzte hin und antworte und bejahe entweder oder verneine, was ich frage.

Polos. Ich würde es also nicht vorziehen, o Sokrates.

Sokrates. Etwa irgend sonst jemand?

Polos. Nein, dünkt mich, nach dieser Untersuchung wenigstens.

Sokrates. Recht also hatte ich, daß weder ich noch du, noch sonst ein Mensch lieber würde Unrecht tun wollen als Unrecht leiden; denn es ist übler.

Polos. Es scheint so.

Sokrates. Siehst du nun wohl, Polos, daß wenn man den einen Beweis neben den andern stellt, dieser gar nichts gemein hat mit jenem. Denn dir stimmen alle andern außer mir bei; mir aber ist es genug, daß du nur einzig und allein mir beistimmst und Zeugnis gibst, und deine Stimme allein abfordernd, lasse ich die anderen alle beiseite. So soll es sich also für uns verhalten.

Nun laß uns das, worüber wir zweitens uneinig waren, betrachten, ob, wenn man Unrecht getan hat, Strafe zu leiden das größte aller Übel ist, wie du meintest, oder ein größeres, sie nicht zu leiden, wie ich meinesteils meinte. Überlegen wir es aber so. Strafe leiden und rechtmäßig für begangenes Unrecht gezüchtigt werden, ist dir dies beides einerlei?

Polos. Ja.

Sokrates. Kannst du nun wohl sagen, daß nicht alles

Gerechte auch schön ist, sofern es gerecht ist? Überlege es wohl und dann sprich.
Polos. Das dünkt mich allerdings, Sokrates.
32. Sokrates. Betrachte nun auch folgendes. Wenn jemand etwas tut, muß dann nicht auch notwendig etwas da sein, das von dem Tuenden etwas erleidet?
Polos. Mich dünkt.
Sokrates. Und zwar das erleidet, was das Tuende tut, und auf solche Art, wie jenes tut? Ich meine, wenn jemand schlägt, wird notwendig etwas geschlagen werden?
Polos. Ja.
Sokrates. Und wenn der Schlagende heftig oder rasch schlägt, wird auf dieselbe Weise auch das geschlagene Objekt geschlagen?
Polos. Ja.
Sokrates. Das Leiden ist für den Geschlagenen also derart, wie es der Schlagende tut?
Polos. Gewiß.
Sokrates. Nicht wahr, wenn jemand brennt, wird notwendig etwas gebrannt werden?
Polos. Natürlich.
Sokrates. Und wenn er stark brennt oder schmerzlich, muß eben das Gebrannte gebrannt werden, wie das Brennende brennt?
Polos. Jawohl.
Sokrates. Nicht wahr, wenn etwas schneidet, gilt dasselbe, nämlich etwas wird geschnitten?
Polos. Ja.
Sokrates. Und wenn der Schnitt groß oder tief oder schmerzlich ist, allemal wird mit solchem Schnitt das Geschnittene geschnitten, wie das Schneidende schneidet.
Polos. Offenbar.
Sokrates. Sieh also zu, ob du im allgemeinen das, was ich eben über alles sagte, zugibst: Wie das Tuende tut, so muß es das Leidende leiden.
Polos. Das gebe ich zu.

Sokrates. Da dieses nun zugestanden ist, gib an, ob das Gestraftwerden ein Leiden oder ein Tun ist?
Polos. Notwendig, Sokrates, ein Leiden.
Sokrates. Also von einem Tuenden?
Polos. Natürlich. Von dem Strafenden.
Sokrates. Und der auf die rechte Art straft, straft rechtmäßig?
Polos. Ja.
Sokrates. Tut er daran recht oder nicht?
Polos. Recht.
Sokrates. Also der Gestrafte, dem Recht widerfährt, leidet Gerechtes.
Polos. Offenbar.
Sokrates. Das Gerechte aber ist nach unserem Zugeständnisse schön?
Polos. Allerdings.
Sokrates. Von diesen also tut der eine Schönes, der andere aber, der Gezüchtigte, leidet es?
Polos. Ja.
33. Sokrates. Wenn aber Schönes, dann auch Gutes? nämlich entweder Angenehmes oder Nützliches[20]?
Polos. Notwendigerweise.
Sokrates. Gutes also leidet der, dem sein Recht widerfährt.
Polos. So scheint es.
Sokrates. Erlangt er etwa Vorteil?
Polos. Ja.
Sokrates. Etwa den Vorteil, den ich mir denke, daß er nämlich der Seele nach besser wird, wenn er doch mit Recht gezüchtigt wird?
Polos. Wahrscheinlich.
Sokrates. Von der Schlechtigkeit der Seele also wird der Strafeleidende befreit?
Polos. Ja.
Sokrates. Also wird er vom größten Übel befreit. — Überlege es nur so. Wenn man auf die Beschaffenheit des

Vermögens bei einem Menschen sieht, gibt es da wohl ein anderes Übel als die Armut?

Polos. Nein, nur Armut.

Sokrates. Und wie? wenn auf die Beschaffenheit des Leibes, würdest du da die Schwäche Schlechtigkeit nennen, und die Krankheit und die Häßlichkeit und dergleichen?

Polos. Gewiß.

Sokrates. Und glaubst du nicht, daß es auch in der Seele eine Schlechtigkeit gibt?

Polos. Freilich.

Sokrates. Meinst du nun damit nicht die Ungerechtigkeit und den Unverstand und die Feigheit und dergleichen?

Polos. Allerdings.

Sokrates. Also für das Vermögen, für den Leib und für die Seele als drei Verschiedene hast du drei verschiedene Schlechtigkeiten angegeben, Armut, Krankheit, Ungerechtigkeit.

Polos. Ja.

Sokrates. Welche nun unter diesen Schlechtigkeiten ist die häßlichste? Nicht die Ungerechtigkeit und überhaupt die Schlechtigkeit der Seele?

Polos. Bei weitem.

Sokrates. Wenn aber die häßlichste, dann auch die übelste?

Polos. Wie meinst du das, Sokrates?

Sokrates. So. Allemal ist das Häßlichste, weil es am meisten entweder Schmerz oder Schaden oder beides bewirkt, deshalb das Häßlichste nach den früheren Zugeständnissen.

Polos. Gewiß.

Sokrates. Und als das Häßlichste haben wir jetzt einstimmig die Ungerechtigkeit und die gesamte Schlechtigkeit der Seele angenommen?

Polos. Dafür haben wir sie angenommen.

Sokrates. Sie ist also am schmerzhaftesten und am meisten mit Schmerz verbunden oder mit Schaden oder beides und darum das Unschönste?

Polos. Notwendig.

Sokrates. Ist nun etwa ungerecht, zügellos, feige und unverständig sein schmerzhafter als Armut und Krankheit?

Polos. Das scheint mir nicht, Sokrates, nach dem Gesagten.

Sokrates. Also muß durch einen übermäßig großen Schaden und ein erstaunlich großes Übel die Schlechtigkeit der Seele über die anderen hervorragen und so das Häßlichste unter allen sein, wenn sie es doch nicht vermöge des Schmerzes ist, wie du ja sagst.

Polos. Offenbar.

Sokrates. Was aber durch den größten Schaden, den es verursacht, sich auszeichnet, das wäre ja auch das größte Übel auf der Welt.

Polos. Ja.

Sokrates. Die Ungerechtigkeit also und die Zuchtlosigkeit, und was sonst noch zur Schlechtigkeit der Seele gehört, ist das größte Übel der Welt?

Polos. Offenbar.

34. Sokrates. Welche Kunst befreit nun von der Armut? Nicht die Erwerbsamkeit?

Polos. Ja.

Sokrates. Welche aber von der Krankheit? Nicht die Heilkunde?

Polos. Natürlich.

Sokrates. Welche aber von der Schlechtigkeit und Ungerechtigkeit? — Kannst du es auf diese Art nicht finden, so betrachte es so. Wohin und zu wem führen wir die leiblich Kranken?

Polos. Zu den Ärzten, Sokrates.

Sokrates. Wohin aber die Übeltäter und Zuchtlosen?

Polos. Zu den Richtern, meinst du[21].

Sokrates. Nicht wahr, damit sie sie zur Strafe ziehen?

Polos. Ja.

Sokrates. Die aber auf die rechte Art strafen, strafen sie nicht irgendwie aus Gerechtigkeit?
Polos. Offenbar.
Sokrates. Die Erwerbsamkeit also befreit von der Armut, die Heilkunde von der Krankheit, die Anwendung der Gerechtigkeit beim Strafen oder die Rechtspflege von der Zügellosigkeit und Ungerechtigkeit.
Polos. Offenbar.
Sokrates. Was hältst du nun wohl für das Schönste von diesen?
Polos. Von welchen meinst du?
Sokrates. Von der Erwerbsamkeit, der Heilkunde und der Rechtspflege?
Polos. Bei weitem, Sokrates, hat die Rechtspflege den Vorzug.
Sokrates. Also bewirkt sie entweder mehr Lust oder mehr Nutzen oder beides, wenn sie das Schönste ist?
Polos. Ja.
Sokrates. Ist es nun etwa angenehm, vom Arzte behandelt zu werden, und haben die Vergnügen, welche von ihm behandelt werden?
Polos. Ich denke nicht.
Sokrates. Aber nützlich ist es. Nicht wahr?
Polos. Ja.
Sokrates. Denn man wird von einem großen Übel befreit, so daß es wohl lohnt, den Schmerz zu ertragen und gesund zu werden.
Polos. Natürlich.
Sokrates. Wäre nun auf diese Art etwa, was den Leib betrifft, der der Glücklichste, der vom Arzt behandelt wird, oder der, welcher von vornherein nicht krank ist?
Polos. Offenbar, der gar nicht krank ist.
Sokrates. Denn das ist kein rechtes Glück, wie es scheint, von einem Übel befreit zu werden, sondern von vornherein gar keins zu haben.
Polos. So ist es.

S o k r a t e s. Ferner, wer ist der Elendere von zweien, die ein Übel haben, sei es nun am Leibe oder an der Seele, der vom Arzt behandelt und vom Übel befreit wird oder der, welcher nicht vom Arzt behandelt wird und es behält?
P o l o s. Mir scheint, wer nicht geheilt wird.
S o k r a t e s. War nun nicht das Bestraftwerden die Befreiung von dem größten Übel, der Schlechtigkeit?
P o l o s. Jawohl.
S o k r a t e s. Denn die Strafe macht ja besonnener und gerechter, und das Recht ist eine Heilkunst für die Schlechtigkeit.
P o l o s. Ja.
S o k r a t e s. Der Glücklichste also ist der, welcher keine Schlechtigkeit in der Seele hat; denn diese hatte sich als das größte Übel gezeigt.
P o l o s. Offenbar.
S o k r a t e s. Der zweite aber ist der, welcher davon befreit wird.
P o l o s. So scheint es.
S o k r a t e s. Das war aber der, dem man Ermahnungen und Verweise und Strafe gibt.
P o l o s. Ja.
S o k r a t e s. Am schlechtesten also lebt der, welcher die Ungerechtigkeit hat und nicht davon befreit wird.
P o l o s. Offenbar.
S o k r a t e s. Ist das nun nicht der, welcher durch die größten Verbrechen und Ausübung der größten Ungerechtigkeit es dahin gebracht hat, daß er weder Zurechtweisung noch Züchtigung, noch Strafe erleidet, wie du eben sagst, daß Archelaos dies erreicht habe und andere Tyrannen, Redner und Gewalthaber?
P o l o s. So scheint es.
35. S o k r a t e s. Diese nämlich, mein Bester, haben es beinahe eben dahin gebracht, wie wenn einer, der mit den schwersten Krankheiten behaftet ist, es dahin gebracht hätte, sich für die Sünden seines Körpers von den Ärzten

nicht strafen und sich nicht von ihnen behandeln zu lassen, aus Furcht wie ein Kind vor dem Brennen und Schneiden, weil es weh tut. Oder scheint es dir nicht auch so?

Polos. Jawohl.

Sokrates. Weil ihm nämlich unbekannt ist, wie es scheint, was es eigentlich mit der Gesundheit und Tüchtigkeit des Körpers auf sich hat. Etwas Ähnliches nun scheinen nach unseren Zugeständnissen, Polos, auch diejenigen zu tun, welche sich der Strafe entziehen. Das Schmerzhafte davon nämlich sehen sie ein, gegen das Heilsame aber sind sie blind und wissen nicht, wieviel elender noch, als mit keinem gesunden Leibe verbunden zu sein, das ist, keine gesunde Seele zu haben, sondern eine innerlich faule, ungerechte und ruchlose. Daher sie denn, um nur ja nicht Strafe zu leiden und so von dem größten Übel befreit zu werden, alles mögliche tun, auf Geld bedacht sind und auf Freunde, und auch darauf, mehr Glauben zu finden als andere, wenn sie reden. Wenn nun das richtig war, was wir vorher angenommen haben, Polos, merkst du wohl, was dann aus der Untersuchung folgt, oder sollen wir es doch lieber zusammenstellen?

Polos. Wenn du meinst.

Sokrates. Es folgt also, daß Ungerechtigkeit und Unrechttun das größte Übel ist.

Polos. Offenbar.

Sokrates. Und als Befreiungsmittel von diesem Übel ergab sich doch die Strafe.

Polos. So scheint es.

Sokrates. Straflos bleiben aber als Beharren in dem Übel.

Polos. Ja.

Sokrates. Das zweite der Übel ist also der Größe nach das Unrechttun; die Ungestraftheit aber beim Unrechttun ist das erste und größte unter allen Übeln.

Polos. Offenbar.

Sokrates. Stritten wir nun nicht eben hierüber, lieber

Freund, indem du den Archelaos glücklich priesest, der das ärgste Unrecht getan und dennoch keine Art von Strafe erlitten hat, ich aber meinte im Gegenteil, daß, sei es nun Archelaos oder wer sonst für sein Unrechttun nicht gestraft werde, dieser ganz besonders vor allen Menschen für unglücklich zu halten sei, und immer der Unrechttuende für unglücklicher als der Unrechtleidende, und der Nichtgestrafte als der Gestrafte. War das nicht meine Ansicht?

Polos. Ja.

Sokrates. Und ist nicht bewiesen, daß diese richtig war?

Polos. So scheint es.

36. Sokrates. Gut. Wenn nun dies wahr ist, Polos, was ist denn der große Nutzen der Redekunst? Denn nach den jetzt angenommenen Sätzen muß jeder sich selbst vor allem am meisten davor hüten, daß er Unrecht tue, indem er sonst ein großes Übel an sich haben wird. Nicht wahr?

Polos. Freilich.

Sokrates. Tut aber entweder er selbst Unrecht oder ein anderer von denen, die ihm lieb sind, so muß er selbst freiwillig dahin gehen, wo er baldmöglichst bestraft werden kann, zum Richter hineilen, wie sonst zum Arzte, damit die Krankheit der Ungerechtigkeit nicht einwurzle und in die Seele sich einfresse und sie unheilbar mache. Oder was sollen wir sagen, Polos, wenn doch unsere ersten Behauptungen bestehen sollen? Ist nicht gewiß, daß nur dieses mit ihnen übereinstimmt, alles andere aber nicht?

Polos. Ja, was sollen wir auch sagen, Sokrates?

Sokrates. Um also Verteidigungen für unsere eigene Ungerechtigkeit oder die unserer Eltern, Freunde und Kinder oder auch für das unrecht handelnde Vaterland vorzubringen, dazu ist uns die Redekunst nichts nütze, Polos, wenn nicht etwa jemand im Gegenteil denken wollte, um nämlich zumeist sich selbst anzuklagen, dann aber auch Verwandte und wer sonst von Freunden Unrecht tut, und ja nicht das Unrecht zu verbergen, sondern ans Licht zu bringen, damit der Täter Strafe leide und gesund werde, und um sich selbst und andere zu bewegen, daß man nicht feige werde, sondern sich mit geschlossenen Augen tapfer hinstellt wie vor den Arzt zum Schneiden und Brennen, immer dem Guten und Schönen nachjagend, das Schmerzhafte aber nicht in Rechnung bringend, so daß, wer Unrechtes, was Schläge verdient, begangen hat, sich zum Schlagen hergebe, wer was Gefängnis zum Einkerkern, wer was Geldbuße zum Bezahlen, was Verbannung zur Flucht, wer aber was den Tod zum Sterben, jeder als erster Ankläger seiner selbst und der anderen, die ihm zugetan sind, ohne Schonung, sondern eben dazu sich der Redekunst bedienen, um durch Bekanntmachung der Vergehungen von dem größten Übel befreit zu werden, von der Ungerechtigkeit. Wollen wir dies sagen, Polos, oder nicht?

Polos. Ungereimt, Sokrates, scheint es mir zwar; mit dem vorigen indes mag es vielleicht wohl zusammenstimmen.

Sokrates. Nicht wahr, man muß also jenes aufgeben, oder dies folgt notwendig?

Polos. Ja, so steht es damit.

Sokrates. Wenn man aber im Gegenteil umgekehrt einem Böses zufügen muß, sei es einem Feind oder wem sonst, und nur nicht selbst von ihm beleidigt wird — denn davor muß man sich hüten —, wenn aber dieser Feind einen andern beleidigt, muß man auf alle Weise durch Wort und Tat dahinarbeiten, daß er ja nicht zur Strafe gezogen noch vor den Richter geführt werde, kommt er aber dennoch dahin, dann alles mögliche anwenden, daß der Feind entkomme und ja nicht Strafe leide, sondern vielmehr, wenn er viel Geld geraubt, dies nicht zurückgeben müsse, sondern es behalte und für sich und die Seinigen ungerechter- und gottloserweise verwende; hat er etwas Todwürdiges verbrochen, daß er ja nicht sterbe, womöglich nie, sondern unsterblich sei als ein Böser, zum wenigsten aber so lange wie möglich als ein solcher lebe.

Hierzu scheint mir, Polos, die Redekunst nützlich zu sein. Denn für den, der überall nicht Unrecht tun will, dünkt mich ihr Nutzen eben nicht groß zu sein, wenn sie anders irgendeinen Nutzen hat; wie sie sich jedoch im vorigen gezeigt hat, hat sich keiner herausgestellt.

37. Kallikles. Sag mir, Chairephon, sagt Sokrates dies im Ernst oder scherzt er?

Chairephon. Ich glaube, Kallikles, er sagt es im vollen Ernst. Aber nichts besser, als ihn selbst zu fragen[22].

Kallikles. Bei den Göttern, dazu habe ich Lust. Sage mir, Sokrates, sollen wir annehmen, daß du jetzt im Ernst redest oder scherzest? Denn wenn du es ernst meinst und wenn das, was du sagst, auch wirklich zuträfe, wäre dann nicht unser menschliches Leben geradezu umgestürzt und wir täten überall das Gegenteil von dem, was wir sollen?

Sokrates. Kallikles, wenn in den Menschen nicht ein Zustand gemein wäre, mag er sich auch in jedem etwas anders äußern, wäre es vielmehr so, daß man einen ganz eigenen Zustand, anders als die andern erlebte, so wäre es nicht leicht, dem andern sein eigenes Erlebnis klarzumachen[23]. Ich sage das, weil ich erkannte, daß wir beide, ich und du, uns jetzt im gleichen Zustande befinden, da wir beide verliebt sind, jeder in zweie, ich in Alkibiades, Kleinias Sohn, und in die Philosophie, du in Demos, den Demos der Athener, und den Sohn des Pyrilampes. Ich bemerke nun jedesmal an dir, obwohl du gewaltig bist, daß du allem, was dein Liebling behauptet und wie er sagt, daß es sich verhalte, nicht widersprechen kannst, sondern dich hin und her verwandelst. Denn wenn du in der Gemeinde etwas sagst, und der Demos der Athener behauptet, es verhalte sich nicht so, so schwenkst du um und sagst, was jener will. Und mit dem Sohn des Pyrilampes, dem schönen Jüngling, geschieht es dir nicht anders: du bist nicht imstande, den Wünschen und Reden des Lieblings entgegenzutreten. Wenn sich also jemand über deine ungereimten

Reden wunderte, die du immer wieder dieser beiden wegen vorbringst, so möchtest du ihm wohl antworten, falls du die Wahrheit sagen wolltest: wenn nicht jemand meine Lieblinge in solchen Reden zum Schweigen bringt, werde auch ich nicht aufhören, solches zu sagen. Billige also, daß auch du von mir wieder derartiges hören mußt, und wundre dich nicht, daß ich dieses sage, sondern bringe die Philosophie, meinen Liebling, der dies sagt, zum Schweigen. Sie sagt ja, lieber Genosse, immer das, was du jetzt von mir hörst, und sie ist mir gegenüber viel weniger wankelmütig als der andere Liebling. Denn dieser Sohn des Kleinias spricht bald so, bald so – die Philosophie aber immer dasselbe[24]. Sie sagt aber, worüber du dich jetzt wunderst, warst du doch selbst zugegen bei dem Gespräch. Entweder widerlege also die Philosophie in dem, was ich eben sagte, daß nicht das Unrechttun und das Für-das-Unrecht-nicht-Strafe-zu-Leiden das höchste aller Übel sei oder, wenn du dies unwiderlegt läßt, dann – beim Hunde, dem Gott der Ägypter – wird Kallikles mit dir, o Kallikles, nicht übereinstimmen, sondern mißtönen dein ganzes Leben. Und doch, mein Bester, halte ich es für besser, daß die Leier verstimmt sei und mißtöne und ein Chor, den ich zu leiten hätte, und daß die meisten Menschen mit mir nicht einverstanden wären und mir widersprächen, als daß ich alleinstehend mit mir selbst nicht im Einklang wäre und mir widerspräche.

38. Kallikles. Sokrates, recht übermütig scheinst du in deinen Reden, wie ein echter Volksredner[25]. Auch jetzt willst du uns damit bereden, da dem Polos dasselbe begegnet ist, was er dem Gorgias schuld gab. Er sagte nämlich, als du Gorgias gefragt hättest, wenn jemand, um die Redekunst von ihm zu lernen, zu ihm käme, der das Gerechte noch nicht verstände, ob er es ihn lehren würde, habe Gorgias sich geschämt und bejaht, daß er es ihn lehren würde, lediglich wegen der Gesinnung der Menschen, weil sie unwillig werden würden, wenn jemand dies leugnete,

und durch dieses Eingeständnis sei er nachher in die Notwendigkeit versetzt worden, sich selbst zu widersprechen, was eben deine Freude sei. Und hierüber hat er dich damals, ganz mit Recht, wie mich dünkt, verspottet; jetzt aber ist ihm seinerseits dasselbe begegnet. Und ich bin nun wieder ebendeshalb mit Polos unzufrieden, daß er dir eingeräumt hat, das Unrechttun sei häßlicher als das Unrechtleiden. Denn gerade durch dieses Eingeständnis ist auch er wieder von dir in den Reden verwickelt und zum Schweigen gebracht worden, indem er sich schämte, zu sagen, was er dachte. Denn in der Tat, Sokrates, du führst immer, obwohl du behauptest, die Wahrheit zu sagen, die Rede auf solche verfängliche Dinge, die man gut vor dem Volke vorbringen kann, auf das nämlich, was von Natur, wohl aber nach dem Gesetz nicht schön ist. Denn diese beiden stehen sich größtenteils entgegen, die Natur und das Gesetz. Wenn sich nun jemand scheut und nicht den Mut hat zu sagen, was er denkt, so wird er gezwungen, sich selbst zu widersprechen. Dies Kunststück hast auch du abgemerkt und weißt damit in der Unterredung zu schaden, indem du unvermerkt deine Frage nach der Natur richtest, wenn jemand nach dem Gesetze meint, und bringt er die Gesetze der Natur vor, so fragst du nach denen des Gesetzes. So gleich beim Unrechttun und Unrechtleiden, als Polos vom gesetzlich Häßlicheren sprach, verfolgtest du das Gesetzliche, als wäre es das Natürliche. Denn von Natur ist alles, was häßlicher ist, auch übler, also das Unrechtleiden, gesetzlich aber ist es das Unrechttun. Auch ist wahrlich kein würdiger Zustand für einen Mann das Unrechtleiden, sondern für einen Sklaven, dem es besser wäre zu sterben als zu leben, weil er beleidigt und beschimpft nicht imstande ist, sich selbst zu helfen, noch einem andern, den er gern hat. Allein ich denke, daß die, welche die Gesetze geben, die Schwachen und der große Haufe sind. In Rücksicht auf sich selbst also und das, was ihnen nützt, geben sie die Gesetze, sprechen sie Lob und Tadel aus. Sie wollen die kräftigeren Menschen, welche mehr haben könnten, in Furcht halten, damit sie nicht mehr haben mögen als sie selbst, und sagen deshalb, es sei häßlich und ungerecht, für sich immer auf mehr auszugehen, und das ist nun das Unrechttun, wenn man mehr zu haben sucht als die anderen. Denn sie selbst, meine ich, sind ganz zufrieden, wenn sie nur gleiches erhalten, da sie die Schwächeren sind.

39. Daher wird nun gesetzlich dieses unrecht und häßlich genannt, das Streben mehr zu haben als die meisten, und man nennt es Unrechttun. Die Natur selbst aber, denke ich, würde wohl zeigen, daß es gerecht ist, daß der Stärkere mehr habe als der Schwächere, und der Tüchtigere mehr als der Untüchtige. Auch offenbart sie dieses vielfältig, daß es so ist, sowohl an den übrigen Geschöpfen als auch an ganzen Staaten und Geschlechtern der Menschen, daß als Recht erkannt ist, daß der Stärkere über den Schwächeren herrsche und mehr habe. Denn nach welchem Recht führte Xerxes sein Heer gegen Hellas oder sein Vater gegen die Skythen? und tausend anderes der Art könnte man anführen. So also handeln sie nach der Natur und, bei Zeus, nach dem Gesetz, dem Gesetz der Natur nämlich – allerdings nicht nach dem, das wir selbst zu dem Zweck setzen: die Besten und Stärksten unter uns schon in der Jugend einzufangen wie junge Löwen und sie durch Gesang und Zaubersprüche zu bändigen, indem wir behaupten, es müsse alles gleich sein und dies sei eben das Schöne und das Gerechte. Wenn aber – so meine ich – ein Mann ersteht von zulänglicher Natur, der schüttelt das alles ab, zerbricht es und ist frei, indem er all unsere Verträge, Gaukelwerke, Zaubersprüche, alle widernatürlichen Gesetze zu Boden tritt. So erhebt er sich, der Knecht, und offenbart sich als unser Herr, und dann leuchtet hervor das Recht der Natur. Ich glaube, auch Pindar will, was ich meine, in dem Liede zeigen, wo es heißt:

„Gesetz, der König von allen
Sterblichen wie auch Unsterblichen.“

Dies aber, sagt er:

„Es vollzieht das Gewaltsamste mit mächtiger Hand
Und rechtfertigt es. Ich bezeuge es
Durch Herakles' Taten, denn ungekauft . . ."

so ungefähr sagt er – denn auswendig weiß ich das Lied nicht[26]. Er meint aber, weder gekauft noch geschenkt habe jener des Geryones Stiere davongetrieben, überzeugt, dies sei von Natur das Recht, daß Rinder und alles Eigentum der Schlechteren und Schwächeren überhaupt dem Besseren und Stärkeren gehören.

40. So steht es also um die Wahrheit. Das wirst du einsehen, wenn du endlich die Philosophie sein läßt und zum Größeren kommst. Denn die Philosophie ist etwas Reizvolles, wenn man sich in der Jugend maßvoll mit ihr befaßt, betreibt man sie aber länger, als es sich gehört, so ist sie den Menschen zum Verderb. Mag einer auch noch so begabt sein: wenn er über die Jugend hinaus philosophiert, so bleibt er notwendig in allem unerfahren, worin der erfahren sein muß, der ein edler und tüchtiger und angesehener Mann werden will. Denn sowohl in den Gesetzen des Staates bleiben sie unerfahren als auch in der rechten Art, wie man mit den Menschen bei allerlei Verhandlungen, eigenen und öffentlichen, verkehren muß, und mit den Gelüsten und Neigungen der Menschen und überhaupt mit ihrer ganzen Denkungsart bleiben sie unbekannt. Gehen sie dann an ein Geschäft, sei es nun für sich oder auch für den Staat, so machen sie sich lächerlich, wie, glaube ich, andererseits auch die Staatsmänner, wenn sie zu euren Versammlungen und Unterredungen kommen, lächerlich werden. Denn hier trifft das Wort des Euripides zu:

Jeder leuchtet darin hervor
. . . .
Und lenkt sein Streben nur darauf
Und müht sich ab des Tages größten Teil darum,
Daß er der allerbeste sei in seinem Fach[27].

Worin er aber schlecht ist, das meidet und schmäht er, das

andere hingegen lobt er aus Selbstliebe, weil er glaubt, so sich selbst zugleich zu loben. Das Richtigste aber, denke ich, ist, sich mit beidem einzulassen; mit der Philosophie nämlich, soweit es zur Bildung gehört, sich zu beschäftigen, ist schön, und keineswegs gereicht es einem Jüngling zur Unehre, zu philosophieren. Wenn aber jemand, der schon älter geworden ist, noch philosophiert, Sokrates, so wird das ein lächerliches Ding, und es geht mir mit dem Philosophieren gerade wie mit dem Stammeln und Tändeln. Wenn ich nämlich sehe, daß ein Kind, dem es noch ziemt so zu sprechen, stammelt und tändelt, so macht mir das Vergnügen, und ich finde es lieblich und natürlich und dem Alter des Kindes angemessen. Höre ich dagegen ein kleines Kind ganz bestimmt und richtig sprechen, so ist mir das zuwider, es beleidigt meine Ohren und dünkt mich etwas Erzwungenes zu sein. Wenn man dagegen von einem Manne unvollkommene Aussprache hört und ihn tändeln sieht, das ist offenbar lächerlich und unmännlich und verdiente Schläge. Ebenso nun geht es mir mit den Philosophierenden. Wenn ich Knaben und Jünglinge bei der Philosophie antreffe, so freue ich mich; ich finde, daß es ihnen wohl ansteht, und glaube, daß etwas Edles in solchen ist, den aber, der nicht philosophiert, halte ich für unedel und glaube, daß er es nie mit sich selbst auf etwas Großes und Schönes anlegen wird. Wenn ich aber sehe, daß ein Älterer noch philosophiert und sich nicht davon losreißen kann, ein solcher Mann, Sokrates, verdient nach meiner Ansicht Schläge. An einem solchen Menschen findet es sich gewiß, wie ich eben sagte, auch wenn er wohlbegabt ist, daß er unmännlich geworden ist, da er die Hauptplätze und die Märkte der Stadt meidet, wo nach dem Wort des Dichters[28] die Männer sich hervortun, und es ist sein Schicksal, untergetaucht in einem Winkel, wo er mit drei oder vier hübschen Knaben wispert, sein übriges Leben zu leben, ohne daß jemals ein freies großes kühnes Wort aus seinem Munde tönt.

41. Ich aber, Sokrates, bin dir wirklich freundlich gesonnen. Es könnte mir also jetzt geschehen, was dem Zethos vom Amphion bei Euripides geschah, an den ich eben erinnerte[29]. Es kommt nämlich auch mir an, zu dir zu sprechen wie jener zu seinem Bruder: du, Sokrates, sorgst nicht für das, wofür du sorgen mußt, und die so edle Natur der Seele entstellst du durch knäbische Gebärdung und weder, wo das Recht beraten wird, weißt du richtig vorzutragen noch treffend und überzeugend dich auszusprechen, noch für einen andern einen herzhaften Rat zu geben. Und doch, mein lieber Sokrates — nimm es mir nicht übel, denn ich frage nur, weil ich dir wohlgesonnen bin —, scheint es dir nicht schmählich, in solchem Zustande zu sein, in welchem du, glaube ich, bist und die übrigen, die es immer weiter in der Philosophie treiben? Denn wenn jemand dich oder einen andern solchen festnehmen ließe und ins Gefängnis brächte und behauptete, du habest etwas verbrochen, wo du nichts verbrachst — du weißt, du hättest nichts, was dir hülfe, sondern schwindeln würde dir, und mit offenem Munde hättest du nichts zu sagen. Und wenn du vor das Gericht trätest, und dein Ankläger wäre auch ganz nichtswürdig und schlecht, du würdest dennoch sterben, wenn er deinen Tod beantragen wollte. Und doch, wie könnte das wohl weise sein, Sokrates, wenn solche Kunst, den wohlbegabten Mann ergreifend, ihn schlechter macht, so daß er weder sich selbst helfen und aus den größten Gefahren erretten könnte noch sonst einen, wohl aber von seinen Feinden aller seiner Habe beraubt werden und offenbar ehrlos im Staate leben muß? Einem solchen kann man ja, um es derber zu sagen, ungestraft einen Backenstreich versetzen. Darum, mein Guter, gehorche mir, hör auf zu lehren, üb im Wohlklang lieber dich von schönen Taten, in dem, wodurch du weise erscheinst, laß anderen jetzt dies ganze Herrliche, soll ich es Possenspiel nennen oder Geschwätz, weshalb dein Haus armselig, leer und verödet steht, und eifere nicht denen nach, die solche Kleinigkeiten

zu widerlegen trachten, sondern solchen, die Reichtum, Ehre und viele andere Güter besitzen.

42. Sokrates. Wenn ich etwa eine goldene Seele hätte, lieber Kallikles, glaubst du nicht, daß ich mich dann sehr freuen würde, einen von den Steinen gefunden zu haben, mit denen das Gold am sichersten geprüft wird, an welchen ich sie dann reiben könnte, und wenn der Stein mir Zeugnis gäbe, daß meine Seele in gutem Stande sei, nun ganz gewiß wüßte, daß ich zufrieden sein kann und keiner weiteren Prüfung bedürfe?

Kallikles. Wozu denn diese Frage, Sokrates?

Sokrates. Das will ich dir gleich sagen. Ich glaube nämlich, nun, da ich dich gefunden habe, ein solches Kleinod gefunden zu haben.

Kallikles. Wieso?

Sokrates. Ich weiß gewiß, wenn du mit mir übereinstimmst in dem, was meine Seele denkt, daß dies dann schon die rechte Wahrheit ist. Ich denke nämlich, daß der, welcher eine vollständige Prüfung mit einer Seele anstellen soll, ob sie recht lebt oder nicht, dreierlei haben muß, was du alles hast, Einsicht, Wohlwollen und Freimütigkeit. Denn ich treffe auf gar viele, welche nicht imstande sind, mich zu prüfen, weil sie nicht weise sind wie du. Andere sind zwar weise, wollen mir aber nicht die Wahrheit sagen, weil sie kein Interesse für mich haben, wie du. Und wiederum diese beiden Fremden, Gorgias und Polos, sind zwar weise und mir auch gewogen, ermangeln aber etwas der Freimütigkeit, und sind verschämter als sich gebührt. Oder wie kann es anders sein, da sie es so weit treiben mit dem Schämen, daß sie beiderseits aus Scham so verwegen sind, sich selbst angesichts vieler Menschen zu widersprechen, und zwar in den wichtigsten Dingen. Du aber hast dies alles, was die anderen nicht haben. Denn unterrichtet bist du zur Genüge, wie gewiß die meisten Athener zugeben würden, und gegen mich bist du wohlmeinend. Woraus ich das schließe, will ich dir sagen. Ich weiß, lieber Kallikles, daß ihr vier euch gemeinschaftlich der Weisheit beflissen habt, du und der Aphidnäer Tisandros und Andron, der Sohn des Androtion, und Nausikydes, der Cholarger. Und ich habe euch einmal zugehört, als ihr berietet, wie weit man sich mit der Weisheit abgeben müsse, und weiß, daß eine solche Meinung unter euch die Oberhand behielt, man müsse es nicht bis aufs äußerste mit der Philosophie treiben wollen, vielmehr ermahntet ihr euch untereinander, auf eurer Hut zu sein, damit ihr nicht weiser würdet als schicklich und dadurch unvermerkt ins Unglück gerietet. Da ich nun höre, daß du mir denselben Rat erteilst wie deinen liebsten Freunden, so ist mir dies ein hinreichender Beweis, daß du es wahrhaft gut mit mir meinst. Daß du aber frei heraus zu reden verstehst, ohne dich zu schämen, sagst du ja selbst, und was du vorher sagtest, bezeugt es dir auch. So steht es offenbar für jetzt fest: Wenn du nun mit mir über etwas in unserer Untersuchung übereinkommst, das wird alsdann hinlänglich erprobt sein durch mich und dich, und es wird nicht nötig sein, es noch auf eine andere Probe zu bringen. Denn du würdest es ja niemals eingeräumt haben, weder aus Mangel an Weisheit noch aus Überfluß an Schüchternheit; noch auch wirst du, um mich zu täuschen, es einräumen. Denn du bist mein Freund, wie du auch selbst sagst. Gewiß also wird, was ich und du eingestehen, das höchste Ziel der Richtigkeit haben. Es gibt aber gewiß keine schönere Untersuchung, Kallikles, als darüber, weshalb du mir eben Vorwürfe machtest, wie nämlich ein Mann sein muß und wonach er zu streben hat und wie weit, im Alter sowohl als in der Jugend. Denn wenn ich irgendwo nicht richtig in meinem Leben handle, so sei überzeugt, daß ich nicht wissentlich fehle, sondern aus Unwissenheit. Wie du also schon angefangen hast, mich zurechtzuweisen, so laß nicht ab, sondern zeige mir vollständig, was das ist, was ich eigentlich treiben muß, und auf welche Weise ich es erlangen soll. Und wenn du findest, daß ich dir jetzt zwar beistimme, in der Folge aber dasjenige nicht tue, worin ich dir beigestimmt habe, so halte mich nur für einen Tropf und ermahne mich nie wieder, weil ich dann ja doch dessen unwürdig wäre. Wiederhole mir aber noch einmal von Anfang, wie du und Pindaros mit dir glaubst, daß es sich mit dem Gerechten verhalte, daß der Natur gemäß der Stärkere gewaltsam an sich reißt, was dem Schwächeren gehört, und der Bessere über den Schlechteren herrsche, und der Edlere mehr habe als der Gemeinere; war es etwas anderes, worin das Gerechte, wie du sagst, besteht, oder habe ich es richtig wiedergegeben?

43. Kallikles. Ja, das sagte ich damals und sage es auch jetzt noch.

Sokrates. Nennst du denselben besser und stärker? Denn das konnte ich auch schon damals nicht recht verstehen, wie du es meintest. Nennst du die mehr wert, welche stärker sind, und soll der Schwächere auf den Stärkeren hören, wie mich dünkt, daß du auch damals zeigtest, daß die größeren Staaten nach dem natürlichen Recht die kleineren angriffen, weil sie nämlich mehr wert sind und stärker, wonach dann mehr wert und stärker und besser einerlei wäre? Oder kann man besser sein, aber schwächer und ohnmächtiger, und mehr wert, aber doch schlechter? oder ob besser und mehr wert einerlei besagen soll? Dies nur bestimme mir genau, ob das verschieden ist oder einerlei, mehr wert und besser und stärker.

Kallikles. So sage ich dir denn ganz bestimmt, daß es einerlei ist.

Sokrates. Ist nun nicht die Menge von Natur mehr wert als der einzelne, da sie ja auch die Gesetze für den einzelnen gibt, wie du auch selbst vorher sagtest?

Kallikles. Natürlich.

Sokrates. Was also der Menge gesetzlich ist, das ist es auch denen, die mehr wert sind.

Kallikles. Allerdings.

Sokrates. Also auch den Besseren; denn die mehr wert sind, sind bei weitem die Besseren nach deiner Rede.

Kallikles. Ja.

Sokrates. Also was bei diesen gesetzlich ist, das ist von Natur schön, da sie ja eben die Stärkeren sind?

Kallikles. Das behaupte ich.

Sokrates. Setzt nun nicht eben die Menge dies fest, wie du auch selbst eben sagtest, es sei gerecht, das gleiche zu haben, und Unrechttun sei häßlicher als Unrechtleiden? Ist das so oder nicht? Und daß du dich nur ja hier nicht bei der Scham ertappen läßt! Setzt die Menge dies fest oder nicht, daß das gleiche zu haben, und nicht mehr, gerecht sei? Nicht die Antwort hierauf mir vorenthalten, Kallikles, damit, wenn du mir beistimmst, ich dann befestigt werde durch dich, weil nun ein Mann, der wohl imstande ist, es zu beurteilen, mir beistimmt.

Kallikles. Ja, die Menge ist dieser Ansicht.

Sokrates. Also nicht nur dem Gesetze nach ist Unrechttun häßlicher als Unrechtleiden, und das gleiche haben gerecht, sondern auch der Natur nach. Darum hast du vorhin nicht wahr gesprochen, noch mir mit Recht schuld gegeben, als du sagtest, Gesetz und Natur seien einander entgegen, was ich wohl wüßte, und dadurch in meinen Reden den andern übervorteilte, indem ich, wenn es jemand nach der Natur meinte, ihn auf das Gesetzliche führte, wenn aber nach dem Gesetz, dann auf die Natur.

44. Kallikles. Daß dieser Mann nie aufhört zu schwatzen. Sage mir, Sokrates, schämst du dich nicht, in deinem Alter auf Worte Jagd zu machen, und wenn jemand in einem Worte fehlt, dies für einen großen Fund zu achten? Glaubst du denn, daß ich etwas anderes meine unter dem Mehrwertsein als das Bessersein? Sage ich dir nicht schon immer, ich halte mehr wert und besser für identisch? Oder glaubst du, ich meine, wenn sich ein Haufen Knechte versammelt oder allerlei andere Leute, an denen weiter gar nichts ist, als daß sie dem Leibe nach stark sind, und diese dann etwas feststellen, dies sei das Gesetzliche?

Sokrates. Gut, du hochweiser Kallikles, so meinst du es?

Kallikles. Jawohl.

Sokrates. Auch ich vermutete selbst schon lange, daß du es so ungefähr meintest mit dem Mehrwertsein, und fragte dich eben weiter, weil ich gern genau erfahren möchte, wie du es meintest. Du hältst also nicht allemal zwei für besser als einen, noch deine Knechte für besser als dich, weil sie stärker sind als du. Also sage mir noch einmal von Anfang, was du denn eigentlich unter den Besseren verstehst, da du sie nicht als die körperlich Kräftigen gelten läßt. Und gehe etwas sanfter zu Werke, du Bewundernswerter, wenn du mich vornimmst, um mich zu belehren, damit ich dir nicht aus der Schule weglaufe.

Kallikles. Du wirst ironisch, Sokrates.

Sokrates. Nein, beim Zethos, vermittels dessen du nur kürzlich so viel Ironie mit mir getrieben hast. Also komm und sage mir, was du nun unter den Besseren verstehst.

Kallikles. Die Edleren.

Sokrates. Siehst du nun, daß du selbst nur Worte vorbringst und nichts erklärst? Willst du mir nicht sagen, ob du etwa unter denen, die mehr wert und besser sind, die Einsichtsvolleren meinst oder andere?

Kallikles. Nun ja, ebendiese meine ich, beim Zeus.

Sokrates. Oftmals also ist nach deiner Annahme ein Einsichtsvoller mehr wert als Tausende von Unverständigen, und dieser muß herrschen, jene aber beherrscht werden, und der Herrschende mehr haben als die Beherrschten. Denn dies dünkt mich, willst du sagen — und wahrlich, ich mache nicht Jagd auf Worte —, wenn der eine mehr wert ist als Tausende.

Kallikles. Ebendas ist auch meine Meinung. Denn dies, denke ich, ist das Gerechte von Natur, daß der Bessere und Einsichtsvollere herrsche und mehr habe als die Schlechteren.

45. Sokrates. Hier halte ein! Was meinst du nun eigentlich wieder? Wenn hier, wie jetzt, unserer viele beisammen wären und hätten gemeinschaftlich hier vielerlei

Speisen und Getränke, wären aber von verschiedener Beschaffenheit, Starke und Schwache, einer aber unter uns wäre der Einsichtsvollste hierin, weil er ein Arzt wäre, wäre aber selbst, wie es ja wahrscheinlich ist, stärker als einige, schwächer als andere, nicht wahr, so wäre doch dieser, weil er einsichtsvoller wäre als wir, auch besser und mehr wert hierin?

Kallikles. Jawohl.

Sokrates. Soll er nun etwa von diesen Speisen mehr bekommen, weil er der Bessere ist? Oder müßte er, sofern er herrscht, eben alles verteilen, sofern er es aber genießt und verbraucht, für seinen eigenen Leib nicht nach dem meisten streben, wenn er nicht Schaden leiden wollte, sondern mehr haben als einige und weniger als andere, und im Falle, daß er gerade der Schwächste wäre, dann gerade am wenigsten, Kallikles, unter allen, obwohl er der Beste wäre. Nicht so, mein Guter?

Kallikles. Von Speisen sprichst du, von Getränken, von Ärzten und Geschwätz; ich aber meine das gar nicht.

Sokrates. Sagst du denn nicht, daß der Einsichtsvollere der Bessere ist? Sprich doch ja oder nein.

Kallikles. Ja.

Sokrates. Aber soll nicht der Bessere mehr bekommen?

Kallikles. Speise und Trank freilich nicht.

Sokrates. Ich verstehe. Aber vielleicht Kleider, und wer sich am besten auf das Leben versteht, muß auch das größte Kleid haben und am vollständigsten und schönsten angezogen einhergehen?

Kallikles. Was denn für Kleider?

Sokrates. Aber an Schuhen, versteht sich, muß der, welcher der Einsichtsvollste und Beste hierin ist, auch mehr haben, und der Schuhmacher vielleicht auf die größten und meisten Sohlen treten?

Kallikles. Was für Geschwätz machst du nun wieder von Schuhen!

Sokrates. Also wenn du dergleichen nicht meinst, dann

vielleicht so etwas. Ein Bauer zum Beispiel, der im Ackerbau tüchtig und wacker ist, der muß vielleicht mehr Samen haben, und so viel Samen als möglich für seinen Acker verbrauchen?

Kallikles. Wie du doch immer wieder dasselbe vorbringst, Sokrates!

Sokrates. Nicht nur das, Kallikles, sondern auch, wohl zu merken, über dasselbe.

Kallikles. Bei den Göttern, du redest immer und in einem fort von Schustern, Gerbern, Köchen und Ärzten, als wenn davon die Rede unter uns wäre.

Sokrates. Willst du nicht angeben, worin denn der Einsichtsvollere und Bessere mehr haben soll, damit er es auch mit Recht habe? Oder willst du weder leiden, daß ich dir etwas vorlege, noch auch es selbst sagen?

Kallikles. Nun, ich sage es schon lange. Zuerst unter den Besseren verstehe ich nicht nur Schuster und Köche, sondern die, welche in den Angelegenheiten des Staates einsichtsvoll sind und wissen, wie er gut zu verwalten sei, und nicht nur einsichtsvoll, sondern auch mannhaft, so daß sie imstande sind, das, was sie ersonnen haben, auch auszuführen, und nicht aus Weichlichkeit der Seele dabei ermatten.

46. Sokrates. Siehst du, mein bester Kallikles, wie es gar nicht dasselbe ist, was du mir schuld gibst, und was ich wiederum dir? Denn du behauptest von mir, ich sagte immer dasselbe, und tadelst mich deshalb. Ich aber beschuldige dich im Gegenteil, daß du nie dasselbe sagst von derselben Sache, sondern bald erklärst du, die Besseren und die mehr wert sind, seien die Stärkeren, dann wieder seien es die Einsichtsvolleren; nun aber bist du schon wieder mit einer andern Ansicht bei der Hand, indem du gewisse Tapfere für die Besseren ausgibst. Aber, mein Guter, sage es doch einmal endgültig heraus, wer denn die Besseren sein sollen und in welcher Hinsicht?

Kallikles. Nun, ich habe es ja schon gesagt, die, welche

in der Politik einsichtsvoll und tapfer sind. Denn diesen kommt es zu, in den Staaten zu herrschen, und das ist eben das Recht, daß diese mehr haben als die anderen, namentlich die Herrschenden mehr als die Beherrschten.

Sokrates. Wie aber ist es mit ihnen selbst, mein Freund? Herrschen sie, oder werden sie beherrscht?

Kallikles. Wie meinst du das?

Sokrates. Ich meine, daß doch jeder einzelne über sich selbst herrscht. Oder ist das gar nicht nötig, sich selbst zu beherrschen, sondern nur die anderen?

Kallikles. Wie meinst du sich selbst beherrschen?

Sokrates. Nichts Besonderes, sondern wie es die Leute meinen, besonnen und seiner selbst mächtig sein, und die Lüste und Begierden, die jeder in sich hat, beherrschen.

Kallikles. Wie süß du bist! Die Einfältigen nennst du die Besonnenen!

Sokrates. Wieso? Das kann ja jedermann einsehen, daß ich es so nicht meine.

Kallikles. Ganz gewiß doch, Sokrates. Denn wie könnte wohl ein Mensch glücklich werden, der irgendeinem diente? Nein, das ist eben das von Natur Schöne und Rechte, was ich dir nun ganz frei heraus sage, daß, wer richtig leben will, seine Begierden muß so groß werden lassen als möglich und sie nicht einzwängen, und diesen, wie groß sie auch sind, muß er dennoch Genüge zu leisten vermögen durch Tapferkeit und Einsicht, und sie hinreichend versehen mit dem, worauf eine jede Begierde geht. Allein dazu, meine ich, sind eben die meisten nicht imstande, weshalb sie gerade solche Menschen aus Scham tadeln, um ihre eigene Ohnmacht zu verbergen, und sagen, die Ungebundenheit sei etwas Schändliches, um, wie ich auch vorher schon sagte, die von Natur besseren Menschen einzuzwängen; und weil sie selbst ihren Lüsten keine Befriedigung zu verschaffen vermögen, so loben sie die Besonnenheit und die Gerechtigkeit um ihrer eigenen Feigheit willen. Denn denen, welche entweder schon das Glück hatten, von vornherein Söhne von Königen zu sein, oder welche kraft ihrer eigenen Natur sich ein Reich oder eine Macht und Herrschaft zu gründen vermochten, was wäre wohl für diese Menschen häßlicher und schlimmer als die Besonnenheit und Gerechtigkeit, wodurch sie dann, da sie das Gute genießen könnten, ohne daß ihnen etwas im Wege stände, sich selbst einen Herren setzten, nämlich das Gesetz des großen Haufens, Gerede und Tadel. Oder wie, sollten sie nicht nunmehr elend geworden sein durch diese schöne Gerechtigkeit und Besonnenheit, wenn sie nun ihren Freunden nichts mehr zuwenden können als ihren Feinden, und zwar als Herrscher in ihrem eigenen Staate? Nun, Sokrates, so steht's in der Wahrheit, der du ja nachzutrachten behauptest. Wohlleben, Zügellosigkeit und Freiheit, wenn sie nur einen festen Rückhalt haben, sind eben Tugend und Glückseligkeit; alles andere aber ist Ziererei, widernatürliche Lebensordnung, Geschwätz und gänzlich wertlos.

47. Sokrates. Gar nicht feigherzig, Kallikles, machst du deinen Ausfall mit freimütiger Rede. Denn ganz offen sagst du nun heraus, was die anderen zwar auch denken, aber nicht sagen wollen. Ich bitte dich daher, auf keine Weise nachzulassen, damit nun in der Tat offenbar werde, wie man leben muß. So sage mir denn, die Begierden muß man nach deiner Meinung nicht einzwängen, wenn man sein will, wie man soll, sondern sie so groß als immer möglich werden lassen und ihnen irgendwoher Befriedigung schaffen, und darin bestehe eben die Tugend?

Kallikles. Das behaupte ich.

Sokrates. Nicht richtig also sagt man von denen, die nichts bedürfen, sie wären glücklich?

Kallikles. Die Steine und die Toten wären ja auf diese Art am glücklichsten.

Sokrates. Aber doch auch, so wie du es beschreibst, ist das Leben mühselig, und es sollte mich nicht wundern, wenn Euripides recht hat, wenn er sagt:

Wer weiß, ob nicht das Leben nur ein Sterben ist,
Das Sterben aber Leben[30]?

Und vielleicht sind wir in der Tat tot. Das habe ich auch sonst schon von einem weisen Manne gehört, daß wir jetzt tot seien, und unsere Körper seien nur unsere Gräber[31], der Teil der Seele aber, worin die Neigungen sind, wäre ein beständiges Anneigen und Abstoßen aufwärts und abwärts, was ein geistreicher Mann, der Sinnbilder dichtet, einer aus Sizilien oder Italien, mit dem Worte spielend wegen des Einfüllens und Fassenwollens ein Faß genannt hat und die Ausgelassenen Ausgeschlossene, und bei diesen Ausgeschlossenen könnte nun der Teil der Seele, wo die Neigungen sind, eben wegen der Ungebundenheit und Unhaltbarkeit nicht schließen, wie ein leckes Faß, womit er sie der Unersättlichkeit wegen verglich; und daher wären nun in der Schattenwelt, worunter er die Geisterwelt meinte, jene Ausgeschlossenen die Unseligsten und trügen Wasser in das lecke Faß mit einem ebenso lecken Siebe[32]. Unter dem Siebe aber verstand er, wie der sagt, der es mir erzählte, die Seele, und die Seele der Ausgelassenen verglich er mit einem Siebe, weil sie leck sei und nichts festhalten könne, aus Ungewißheit und Vergeßlichkeit. Dies ist nun gewissermaßen sehr sonderbar; es macht aber doch deutlich, was ich dir zeigen wollte, wenn ich etwa imstande wäre, dich zu überreden, daß du wechseln und anstatt des unersättlichen und ausgelassenen und ungebundenen Lebens das besonnene und das mit dem jedesmal vorhandenen Guten sich begnügende wählen möchtest. Aber überrede ich dich wohl, und änderst du deine Behauptung dahin, daß die Sittlichen glücklicher sind als die Zügellosen, oder schaffe ich nichts, sondern wenn ich auch noch so viel dergleichen dichtete, würdest du doch deine Meinung nicht ändern?

K a l l i k l e s. Dies war richtiger gesprochen, Sokrates.

48. S o k r a t e s. Wohlan, ich will dir noch ein anderes Bild aus derselben Schule[33] wie das vorige mitteilen. Gib

acht, ob du wohl dies richtig findest von jeder dieser beiden Lebensweisen, der besonnenen und der zügellosen, wie wenn von zwei Menschen jeder viele Fässer hätte. Die des einen wären dicht und angefüllt eins mit Wein, eins mit Honig, eins mit Milch und viele andere mit vielen anderen Dingen; die Flüssigkeiten aber wären selten und jede verborgen[34] und nur mit großer Mühe und Beschwerde zu beschaffen. Der eine nun hätte seine Fässer voll und leitete nichts weiter hinein, dächte auch gar nicht weiter daran, sondern wäre hierüber ganz ruhig. Der andere aber hätte eben wie jener solche Flüssigkeiten, die zwar etwas hergäben, aber mit Mühe, seine Gefäße aber wären leck und morsch, und er müßte sie Tag und Nacht anfüllen oder die ärgste Pein erdulden. Willst du nun, wenn es sich mit diesen beiden Lebensarten so verhält, dennoch sagen, die des Zügellosen wäre glücklicher als die des Sittlichen? Überrede ich dich etwa hierdurch zuzugeben, das sittliche Leben sei besser als das zügellose, oder überrede ich dich nicht?

Kallikles. Dazu bringst du mich nicht, Sokrates. Denn für jenen, der seine Fässer voll hat, gibt es gar keine Lust, sondern das heißt eben, was ich vorher sagte, wie ein Stein leben, wenn er befriedigt ist und weder Lust noch Unlust empfindet. Denn darin besteht eben die Annehmlichkeit des Lebens, daß recht viel zufließt.

Sokrates. So muß doch notwendig, wenn viel zufließen soll, auch des Abgehenden viel sein und gar große Öffnungen für die Abflüsse vorhanden sein?

Kallikles. Allerdings.

Sokrates. Das ist wiederum ein Leben wie das eines Regenpfeifers[35], was du meinst, freilich nicht wie eines Toten oder eines Steins! Sage mir aber, du meinst es doch so, daß man hungere, und wenn man hungert, esse?

Kallikles. Ja.

Sokrates. Und dürste, und wenn man dürstet, trinke?

Kallikles. Das meine ich, und dadurch, daß man alle anderen Neigungen, die man hat, befriedigt, sofern man es kann, Genuß hat und so ein glückliches Leben in Freuden führt.

49. Sokrates. Schön, mein Bester, bleibe nur dabei, wie du angefangen hast, und schäme dich ja nicht. Wie es aber scheint, darf auch ich mich nicht schämen. Und so sage mir zuerst, wenn jemand krätzig ist und Jucken empfindet, und er kann sich genug kratzen und so gekitzelt sein Leben hinbringen, heißt das auch glücklich leben?

Kallikles. Wie abgeschmackt du bist, Sokrates, und so recht ein Volksredner.

Sokrates. Darum eben habe ich auch den Polos und den Gorgias verblüfft und blöde gemacht. Du aber laß dich ja nicht verblüffen und schäme dich auch nicht, sondern antworte nur.

Kallikles. So sage ich denn, auch der, welcher sich kratzt, kann angenehm leben.

Sokrates. Also wenn angenehm, dann auch glücklich?

Kallikles. Jawohl.

Sokrates. Etwa wenn ihn nur der Kopf juckt, oder soll ich dich noch sonst etwas fragen? Siehe wohl zu, Kallikles, was du antworten willst, wenn dich jemand alles der Reihe nach, was hiermit zusammenhängt, fragt. Und verhält es sich hiermit so, so ist kurz und gut das Leben der Wüstlinge nicht abscheulich und schändlich und elend. Oder wirst du wirklich wagen zu behaupten, auch diese wären glücklich, wenn sie nur vollauf haben, wessen sie bedürfen?

Kallikles. Schämst du dich nicht, Sokrates, die Rede auf solche Dinge zu bringen?

Sokrates. Bringe ich sie etwa darauf, mein Bester, oder der, welcher so ohne weiteres behauptet, wer nur Lust habe, gleichviel wie er Lust habe, der sei glücklich, und keinen Unterschied angibt, welche Lust gut ist und welche schlecht? Aber auch jetzt noch sage mir: behauptest du, das Angenehme und das Gute sei einerlei, oder es gebe Angenehmes, was nicht gut ist?

Kallikles. Damit ich also meinen Satz nicht aufgebe,

wenn ich sage, es wäre verschieden, so sage ich, es ist einerlei.

Sokrates. Aber, Kallikles, du verdirbst die Grundlage unserer Untersuchung und kannst nicht mehr hinlänglich mit mir die Sache prüfen, wenn du gegen deine Überzeugung redest.

Kallikles. Auch dir gilt das, Sokrates.

Sokrates. Also weder ich tue recht, wenn ich dies tue, noch du. Aber, mein Bester, sieh doch zu, ob wirklich das Gute in jeglicher Art von Freude bestehen soll; denn es ergeben sich daraus offenbar viele häßliche Folgesätze, wie sie eben nur angedeutet wurden, und noch viele andere, wenn dem so ist.

Kallikles. Wie du wenigstens glaubst, Sokrates.

Sokrates. Du aber, Kallikles, willst daran in der Tat festhalten?

Kallikles. Jawohl.

50. Sokrates. Sollen wir also den Satz behandeln, als wäre es dein Ernst?

Kallikles. Es ist mir voller Ernst damit.

Sokrates. Wohl denn, wenn du so meinst, so bestimme mir folgendes. Du nennst doch etwas Erkenntnis?

Kallikles. Ja.

Sokrates. Sagtest du nicht auch, daß es eine Tapferkeit gäbe mit Erkenntnis?

Kallikles. Das tat ich.

Sokrates. Nicht wahr, doch daß die Tapferkeit etwas Verschiedenes wäre von der Erkenntnis, so meintest du es mit diesen beiden?

Kallikles. Allerdings.

Sokrates. Und ist Lust und Erkenntnis einerlei oder verschieden?

Kallikles. Verschieden doch wohl, du hochweiser Mann.

Sokrates. Auch die Tapferkeit verschieden von der Lust?

Kallikles. Natürlich.

Sokrates. Wohlan, laß uns dies festhalten, daß Kallikles aus Acharnä gesagt hat, angenehm und gut sei einerlei, Erkenntnis und Tapferkeit voneinander sowohl als von dem Guten verschieden.

Kallikles. Sokrates aber von Alopeke gibt uns das nicht zu. Oder doch?

Sokrates. Nein. Ich glaube aber auch Kallikles nicht, wenn er sich selbst erst recht geprüft hat. Denn sage mir doch, die wohl leben und die schlecht leben, meinst du nicht, daß diese sich in einem entgegengesetzten Zustande befinden?

Kallikles. Freilich.

Sokrates. Muß nun nicht, wenn beides wirklich einander entgegengesetzt ist, es sich auch so damit verhalten, wie es sich mit Gesundheit und Krankheit verhält? Ein Mensch nämlich ist doch nicht zu gleicher Zeit gesund und krank, verliert auch nicht zu gleicher Zeit die Gesundheit und die Krankheit.

Kallikles. Wie meinst du das?

Sokrates. Nimm dir also ein Beispiel von einem beliebigen Teile des Leibes und betrachte es daran, leidet der Mensch nicht an einer Krankheit der Augen, die man Augenentzündung nennt?

Kallikles. Allerdings.

Sokrates. So ist er doch nicht zugleich gesund an denselben?

Kallikles. Keineswegs.

Sokrates. Ferner, wenn er nun die Augenentzündung verliert, verliert er alsdann auch die Gesundheit der Augen und hat am Ende beides zugleich verloren?

Kallikles. Durchaus nicht.

Sokrates. Das ist ja, denk ich, unnatürlich und undenkbar. Nicht wahr?

Kallikles. Ganz gewiß.

Sokrates. Vielmehr abwechselnd, glaube ich, bekommt und verliert er jedes.

Kallikles. Gewiß.

Sokrates. Auch Stärke und Schwäche ebenso?
Kallikles. Ja.
Sokrates. Und Schnelligkeit und Langsamkeit?
Kallikles. Ebenso.
Sokrates. Etwa auch das Gute und die Glückseligkeit und das Gegenteil davon, Übel und Elend, bekommt und verliert man abwechselnd?
Kallikles. Jedenfalls doch wohl.
Sokrates. Wenn wir also etwas finden, was der Mensch zugleich verliert und zugleich behält, so wäre dies offenbar nicht das Gute und das Böse. Wollen wir dies annehmen? Überlege es dir wohl, ehe du antwortest.
Kallikles. Das ist über allen Zweifel erhaben.
51. Sokrates. So gehe denn mit mir auf die früheren Zugeständnisse zurück. Sagtest du, hungern wäre angenehm oder schmerzlich? Ich meine nämlich das Hungern an sich.
Kallikles. Schmerzlich, sagte ich. Das Essen aber, wenn man hungert, angenehm.
Sokrates. Ich verstehe. Nun also das Hungern selbst ist schmerzlich?
Kallikles. Das gebe ich zu.
Sokrates. Auch wohl das Dürsten?
Kallikles. Ganz gewiß.
Sokrates. Soll ich dich nun noch mehr fragen, oder gibst du zu, daß überall jedes Bedürfnis und Begehren schmerzlich ist?
Kallikles. Ich gebe es zu; frage nur nicht weiter.
Sokrates. Gut. Wenn man also dürstet und trinkt, nicht wahr, das bezeichnest du als angenehm?
Kallikles. Das sage ich.
Sokrates. In diesem nun, was du sagst, bedeutet doch das „wenn man dürstet" ein Erleiden von Unlust?
Kallikles. Ja.
Sokrates. Das Trinken aber ist die Befriedigung eines Bedürfnisses, und also Lust?
Kallikles. Ja.

Sokrates. Sofern man also trinkt, sagst du, habe man Lust?
Kallikles. Ja.
Sokrates. Wenn man nämlich Durst hat?
Kallikles. Ja.
Sokrates. Also Unlust empfindet?
Kallikles. Ja.
Sokrates. Merkst du nun, was folgt, daß du sagst, der Unlusthabende habe zugleich Lust, wenn du sagst, der Durstige trinkt? Oder geschieht dieses etwa nicht zugleich in einerlei Raum und Zeit, wie du willst, sei es an der Seele oder dem Leibe? Denn das, denke ich, macht uns hier keinen Unterschied. Ist es so oder nicht?
Kallikles. Es ist so.
Sokrates. Daß aber der, welcher wohl lebt, zugleich auch schlecht leben könne, das, sagtest du, wäre unmöglich.
Kallikles. Das sage ich freilich.
Sokrates. Daß aber ein Unlusthabender zugleich Lust haben könne, hast du als möglich zugegeben.
Kallikles. So scheint es.
Sokrates. Lust haben ist also nicht gut leben, und Unlust haben nicht schlecht; und folglich ist das Angenehme vom Guten verschieden.
Kallikles. Ich weiß nicht, was du für Sophistereien vorbringst, Sokrates.
Sokrates. Du weißt es wohl, aber du willst es nur nicht wissen. Und komm nur noch etwas weiter mit, damit du recht sehest, mit welcher Weisheit du mich zurückweisest. Wird nicht jeder von uns durch das Trinken vom Durste und von der Lust zugleich befreit?
Kallikles. Ich weiß nicht, was du da schwatzt.
Gorgias. Nicht also, Kallikles, sondern antworte nur schon unsertwegen, damit die Untersuchung zum Ziele kommt.
Kallikles. Aber Sokrates ist immer so, Gorgias, daß er geringfügige und nichtswürdige Dinge fragt und widerlegt.

G o r g i a s. Aber was kümmert dich das? Jedenfalls kommt das nicht auf deine Rechnung, Kallikles; laß dich nur von Sokrates widerlegen, wie er will.
K a l l i k l e s. Nun, so tue denn deine kleinen und armseligen Fragen, weil es Gorgias so gutdünkt.
52. S o k r a t e s. Glückselig bist du, Kallikles, weil du die großen Weihen eher als die kleinen empfangen hast; ich meinte, das wäre nicht erlaubt[36]. Wo du also stehenbliebst, das beantworte, ob nicht jeder zugleich aufhört zu dürsten und auch die Lust zu haben.
K a l l i k l e s. Das gebe ich zu.
S o k r a t e s. Also auch mit dem Hunger und allen anderen Begierden hört die Lust zugleich auf?
K a l l i k l e s. So ist es.
S o k r a t e s. Also hört auch die Unlust und die Lust zugleich auf?
K a l l i k l e s. Ja.
S o k r a t e s. Aber das Gute und Böse hört nicht zugleich auf, wie du zugabst; gibst du es aber nun nicht mehr zu?
K a l l i k l e s. O doch. Was tut's denn?
S o k r a t e s. Daß demnach, lieber Freund, das Gute nicht einerlei ist mit dem Angenehmen, noch das Böse mit dem Unangenehmen, denn diese hören beide zugleich auf, jene aber nicht, also offenbar verhält sich beides ganz verschieden. Wie sollte also das Angenehme mit dem Guten einerlei sein, und das Unangenehme mit dem Bösen? Wenn du lieber willst, betrachte es auch so. Denn ich denke, auch so wird es nicht stimmen. Sieh denn zu. Nennst du die Guten nicht gut, weil ihnen Gutes innewohnt, wie diejenigen schön, denen Schönheit innewohnt?
K a l l i k l e s. Ja.
S o k r a t e s. Ferner. Nennst du die Törichten und Feigherzigen Gute? Vorher wenigstens nicht, sondern die Tapferen und Einsichtsvollen nanntest du so. Oder nennst du die nicht Gute?
K a l l i k l e s. Allerdings.

Sokrates. Nun weiter. Hast du schon ein unverständiges Kind vergnügt gesehen?

Kallikles. O ja.

Sokrates. Einen unverständigen Mann aber hast du noch nicht vergnügt gesehen?

Kallikles. Ich glaube wohl; doch was soll das?

Sokrates. Nichts; antworte nur.

Kallikles. Nun ja.

Sokrates. Wie? auch Verständige vergnügt und unlustig?

Kallikles. O ja.

Sokrates. Wer hat nun mehr Lust und Unlust, die Vernünftigen oder die Unvernünftigen?

Kallikles. Ich glaube, das ist kein großer Unterschied.

Sokrates. Auch das ist mir genug. Hast du auch schon einen Feigling im Kriege gesehen?

Kallikles. Natürlich.

Sokrates. Wer dünkt dich, wenn nun die Feinde abzogen, mehr Freude zu haben, die Feigen oder die Tapferen?

Kallikles. Sie dünken mich beide mehr zu haben, wo nicht, doch ziemlich gleich viel.

Sokrates. Das verschlägt auch nichts. Es freuen sich also doch auch die Feigen?

Kallikles. Gewiß.

Sokrates. Und die Törichten, wie es scheint.

Kallikles. Ja.

Sokrates. Kommen sie aber angezogen, haben dann die Feigen allein Unlust oder auch die Tapferen?

Kallikles. Beide.

Sokrates. Auch gleich sehr?

Kallikles. Mehr vielleicht die Feigen.

Sokrates. Und wenn sie abziehen, sollten sie nicht mehr Lust haben?

Kallikles. Vielleicht.

Sokrates. Also Lust und Unlust haben die Törichten

und die Einsichtsvollen, die Feigen und die Tapferen gleich viel, wie du behauptest, und wohl die Feigen mehr als die Tapferen.
Kallikles. Ja.
Sokrates. Aber doch sind die Einsichtsvollen und die Tapferen gut, die Feigen und Törichten aber schlecht?
Kallikles. Ja.
Sokrates. Gleichviel also haben die Guten und die Bösen Lust und Unlust?
Kallikles. Das behaupte ich.
Sokrates. Sind nun etwa auch die Guten und die Schlechten nicht gleich gut und schlecht, oder sind nicht die Schlechten noch mehr gut und schlecht?
53. Kallikles. Beim Zeus, ich verstehe dich nicht.
Sokrates. Weißt du nicht, daß du sagtest, die Guten wären gut, weil ihnen Gutes innewohne, die Schlechten schlecht, weil Schlechtes; das Gute aber sei die Lust, das Schlechte die Unlust?
Kallikles. Das sagte ich.
Sokrates. Also denen, die sich freuen, wohnt das Gute inne, die Lust, wenn sie sich doch freuen.
Kallikles. Natürlich.
Sokrates. Also, da ihnen Gutes innewohnt, sind die gut, welche sich freuen?
Kallikles. Ja.
Sokrates. Ferner. Denen, die Schmerz empfinden, wohnt diesen nicht Schlechtes inne, die Unlust?
Kallikles. Ja.
Sokrates. Und wegen des ihnen innewohnenden Schlechten, sagst du, sind die Schlechten schlecht. Oder sagst du es nicht mehr?
Kallikles. Noch immer.
Sokrates. Gut also sind die, welche vergnügt sind; schlecht, die Schmerzen haben?
Kallikles. Jawohl.
Sokrates. Je mehr, desto mehr, und je weniger, desto

weniger, oder tun sie es gleichmäßig, so sind sie es doch auch in gleichem Grade?

Kallikles. Ja.

Sokrates. Nun sagst du doch, die Einsichtsvollen und Törichten, und die Feigen und Tapferen wären gleich sehr vergnügt und mißvergnügt oder auch die Feigen noch mehr?

Kallikles. Jawohl.

Sokrates. So rechne nun gemeinschaftlich mit mir zusammen, was aus dem Eingestandenen folgt. Denn auch zweimal und dreimal, sagt man, dürfe man das Schöne vorbringen und erwägen. Gut sei der Einsichtsvolle und Tapfere, sagen wir, nicht wahr?

Kallikles. Ja.

Sokrates. Schlecht der Törichte und Feige?

Kallikles. Allerdings.

Sokrates. Gut aber auch wiederum der Vergnügte?

Kallikles. Ja.

Sokrates. Und schlecht der, welcher Pein hat?

Kallikles. Notwendig.

Sokrates. Gepeinigt aber und vergnügt, sagst du, sei der Gute und der Schlechte auf gleiche Weise, vielleicht auch der Schlechte noch mehr?

Kallikles. Ja.

Sokrates. Also werden der Gute und der Schlechte auf gleiche Weise gut und schlecht, oder auch noch mehr gut der Schlechte? Folgt nicht dieses und auch jenes vorige, wenn jemand behauptet, Gutes und Angenehmes wäre dasselbe? Ist es nicht notwendig, mein Kallikles?

54. Kallikles. Schon lange höre ich dir so zu, Sokrates, und stimme dir bei, weil ich merke, daß wenn dir jemand, wäre es auch nur im Scherz, irgend etwas preisgibt, du dich darüber freust wie ein kleines Kind[37]. Also glaubst du wirklich, daß ich oder sonst irgendein Mensch meine, es sei nicht einige Lust besser, andere schlechter?

Sokrates. Ei, ei, Kallikles, was für ein Schalk bist du,

und gehst mit mir um wie mit einem Kinde. Bald sagst du, die Sache verhalte sich so, bald wieder anders, und täuschest mich. Und doch glaubte ich anfangs nicht, daß ich absichtlich von dir hintergangen werden würde, weil du mir wohlwolltest; nun aber bin ich betrogen und muß schon nach dem alten Spruch nehmen, was ich bekommen kann, und aus dem, was du mir gibst, so viel als möglich machen. Es ist also, wie es scheint und du jetzt sagst, so, daß einige Lust gut ist, andere schlecht; nicht wahr?

Kallikles. Ja.

Sokrates. Sind nun gut etwa die Nützlichen, schlecht aber die Schädlichen?

Kallikles. Jawohl.

Sokrates. Nützlich sind die, welche etwas Gutes bewirken, schädlich aber, die etwas Schlechtes?

Kallikles. Ja.

Sokrates. Meinst du es nun so, wie zum Beispiel in Beziehung auf den Leib, von der Lust, welche wir anführten am Essen und Trinken, wird da wohl die, welche etwa Gesundheit am Leibe oder Stärke oder irgendeine andere Vollkommenheit des Leibes hervorbringt, gut sein, die aber das Gegenteil hiervon, schlecht?

Kallikles. Jawohl.

Sokrates. Ist es nun auch mit der Unlust ebenso, daß einige heilsam ist, andere verderblich?

Kallikles. Natürlich.

Sokrates. Also die gute Lust und Unlust muß man sich aufsuchen und üben?

Kallikles. Jawohl.

Sokrates. Die schlechte aber nicht?

Kallikles. Das versteht sich.

Sokrates. Denn um des Guten willen müsse man alles tun, glaubten wir beide, wenn du dich noch erinnerst, ich und Polos. Bist du auch derselben Meinung, daß aller Handlungen Ziel das Gute ist und daß um seinetwillen alles andere getan werden muß, nicht aber dieses um des anderen willen? Willst du als der dritte auf unsere Seite treten?

Kallikles. Ja.

Sokrates. Um des Guten willen also muß man alles übrige und so auch das Angenehme tun, nicht aber das Gute um des Angenehmen willen?

Kallikles. Jawohl.

Sokrates. Ist es nun etwa jedermanns Sache, auszuwählen, was unter dem Angenehmen gut ist und was schlecht, oder bedarf es zu jedem eines Sachverständigen?

Kallikles. Gewiß.

55. Sokrates. Bringen wir uns nun in Erinnerung, was ich eben Polos und Gorgias gegenüber aussprach. Ich sagte nämlich, es gebe Verrichtungen, von denen einige nur die Lust bezweckten und diese allein bewirkten, vom Besseren und Schlechteren aber nichts wüßten, andere aber erkennten, was gut und was schlecht ist; und so setzte ich unter die auf die Lust ausgehenden des Kochs Geschicklichkeit nicht als Kunst, unter die aber auf das Gute ausgehenden ebenso die Kunst des Arztes. Und nun, beim Gott der Freundschaft, Kallikles, treibe weder selbst Scherz mit mir und antworte nicht gegen deine Meinung das erste beste, noch weniger aber nimm das, was ich sagen werde, so auf, als scherzte ich. Denn du siehst, daß davon die Rede unter uns ist, worüber es gewiß für jeden Menschen, der nur ein wenig Vernunft hat, nichts Ernsthafteres geben kann, nämlich auf welche Weise er leben soll, ob auf diejenige, zu welcher du mich ermunterst, daß ich doch das dem Manne Geziemende betreiben möchte, im Volke auftreten, die Redekunst ausüben und den Staat verwalten, auf die Art, wie ihr ihn eben jetzt verwaltet, oder ob er sich zu jener Lebensweise halten solle in der Philosophie, und worin wohl diese von der andern abweicht. Vielleicht wäre es nun am besten, wie ich schon vorher versuchte, den Unterschied festzustellen, und dann, wenn wir miteinander übereingekommen sind, ob diese beiden Lebensweisen wirklich

möglich sind, zu untersuchen, welcher Wert ihnen im Unterschiede voneinander zukomme und welches Leben man erwählen muß. Vielleicht weißt du aber noch nicht, was ich meine.

Kallikles. Nein.

Sokrates. So will ich es dir noch deutlicher sagen. Nachdem wir zugestanden haben, ich und du, es gebe Gutes und auch Angenehmes, und das Angenehme sei von dem Guten verschieden, für jedes von beiden aber gebe es eine Bemühung und Verrichtung, zu seinem Besitz zu gelangen, ein Jagen nach dem Angenehmen also und eins nach dem Guten. – Gleich dies aber gib mir zuerst entweder zu oder leugne es. Gibst du es zu?

Kallikles. Ja.

56. Sokrates. Wohlan denn, auch darüber, was ich zu diesen sagte, erkläre dich, ob dich damals dünkte, daß ich recht hatte. Ich sagte nämlich, die Kochkunst schiene mir keine Kunst zu sein, sondern nur eine Handfertigkeit, wohl aber die Heilkunst, wobei ich meinte, daß diese die Natur dessen erforscht hat, was sie besorgt, und den Grund dessen, was sie tut, und von jedem einzelnen Rechenschaft geben kann. Die andere aber geht auf die Lust aus, der ihr ganzer Dienst geweiht ist, und dabei hat sie weder die Natur noch die Ursache der Lust erwogen und ohne alle Vernunft sozusagen nichts berechnet und durch Erfahrung und Übung nur die Erinnerung an das erhalten, was zu geschehen pflegt, wodurch sie eben auch Lust schafft. Dies nun überlege zuerst, ob das seine Richtigkeit hat und ob es auch wirklich in bezug auf die Seele Beschäftigungen gebe, einige kunstgemäße, welche Fürsorge für das Beste der Seele tragen, andere, welche, dies vernachlässigend, nur wie dort auf die Lust der Seele bedacht sind, wie man sie erregen könne, darauf aber, welche Lust die bessere und welche die schlechtere sei, weder achthaben, noch überhaupt um irgend etwas anderes sich kümmern als nur darum, wie sie sich beliebt machen, gleichviel ob besser oder

schlechter. Mich nun, lieber Kallikles, dünken diese Beschäftigungen, und ich kann dergleichen nicht anders nennen, Schmeichelei zu sein, in Beziehung auf den Leib sowohl als die Seele und jedes andere, dem jemand nur durch Lust gütlich tun will, ohne über das Bessere und Schlechtere nachgedacht zu haben. Stellst du nun hierüber dieselbe Meinung auf wie wir, oder widersprichst du?

Kallikles. Nein, ich gebe es zu, damit auch nur dein Beweis zu Ende gebracht werde und ich dem Gorgias einen Gefallen erweise.

Sokrates. Soll nun dies von einer Seele gelten, von zweien oder mehreren aber nicht?

Kallikles. Nein, sondern auch von zweien und von vielen.

Sokrates. Also auch einer ganzen Masse kann man Wohlgefallen erregen, ohne auf ihr Bestes bedacht zu sein?

Kallikles. Ich glaube.

57. Sokrates. Kannst du nun wohl sagen, welches die Beschäftigungen sind, die das tun? Oder vielmehr, wenn du willst, laß mich fragen, und welche dir nun zu diesen zu gehören scheint, von der bejahe es, welche nicht, von der verneine es. Zuerst laß uns die Kunst des Flötenspielens betrachten. Dünkt sie dich nicht eine solche zu sein, Kallikles, daß sie nur unser Vergnügen sucht, ohne sich um etwas anderes zu kümmern?

Kallikles. Jawohl.

Sokrates. Nicht auch alle ähnlichen insgesamt, wie das Spiel auf der Leier in den musikalischen Wettkämpfen?

Kallikles. Ja.

Sokrates. Und erscheint dir die Einübung der Chöre und die Dichtung der Dithyramben nicht auch als eine solche? Oder meinst du, Kinesias, der Sohn des Meles, denke im entferntesten daran, wie er so etwas sagen will, wodurch seine Zuhörer besser werden? Oder nur, wodurch er dem großen Haufen derselben gefallen will[38]?

Kallikles. Ja, das ist wohl offenbar, Sokrates, soweit es den Kinesias wenigstens betrifft.
Sokrates. Nun, und sein Vater Meles? Glaubst du, der habe bei seinem Spiel auf der Leier auf das Beste Rücksicht genommen? Oder sogar nicht einmal auf das Angenehmste? Denn er langweilte mit seinem Gesang die Zuschauer. Aber überlege nur, scheint dir nicht das ganze Spiel auf der Leier und die dithyrambische Dichtkunst nur zum Vergnügen erfunden zu sein?
Kallikles. Ja.
Sokrates. Und jene prächtige und bewundernswürdige Dichtung der Tragödie, was ist das, worauf sie so viel Fleiß wendet? Meinst du, ihr Zweck und ihre Bemühung sei nur darauf gerichtet, den Zuschauern Wohlgefallen zu erregen, oder auch davor sich zu hüten, daß etwas gesagt werde, was ihnen zwar angenehm und wohlgefällig ist, aber verderblich? Und wenn ihnen dagegen etwas widerlich ist, aber heilsam, daß sie dieses sage und singe, mögen sie sich nun daran ergötzen oder nicht? Auf welches von beiden scheint es dir die tragische Dichtkunst angelegt zu haben?
Kallikles. Es ist ja offenbar, Sokrates, daß sie mehr auf die Lust ausgeht und darauf, den Zuschauern gefällig zu sein.
Sokrates. Dies aber, Kallikles, sagten wir nun eben, sei Schmeichelei.
Kallikles. Jawohl.
Sokrates. Nun, wohlan, wenn jemand von jeder Dichtung den Gesang, den Tonfall und das Silbenmaß wegnimmt, bleibt dann etwas anderes übrig als Reden?
Kallikles. Notwendig.
Sokrates. Und vor einer großen Masse und dem Volke werden diese Reden gesprochen?
Kallikles. Ja.
Sokrates. Also ist die Dichtkunst auch eine Art Volksansprache?

Kallikles. So scheint es.

Sokrates. Und jede Volksansprache ist doch rednerisch. Oder dünkt dich nicht, daß die Dichter in den Theatern Redekunst treiben?

Kallikles. O ja.

Sokrates. Jetzt also haben wir eine Art Redekunst vor dem Volk gefunden, vor Kindern zugleich und Weibern und Männern, Sklaven und Freien, welche wir nicht hoch einschätzen; denn wir sagen, sie sei eine Schmeichelei.

Kallikles. Jawohl.

58. Sokrates. Gut. Wie steht es nun aber mit der Redekunst vor dem Volk der Athener oder überhaupt mit der in anderen Staaten in Versammlungen freier Männer geübten Redekunst? Dünkt dich etwa, daß die Redner immer in Beziehung auf das Beste sprechen, wobei sie das im Auge haben, daß die Bürger möglichst durch ihre Reden gebessert werden? Oder gehen auch diese nur darauf aus, sich den Bürgern gefällig zu zeigen, und behandeln sie ihres eigenen Vorteils wegen, den gemeinsamen aber vernachlässigen sie, das versammelte Volk wie Kinder, indem sie ihm nur Vergnügen zu machen suchen, ohne sich darum zu kümmern, ob es besser oder schlechter dadurch werden wird?

Kallikles. Das ist nicht mehr so einfach zu beantworten; denn es gibt solche, die das, was sie sagen, aus wahrer Fürsorge für die Bürger sagen; es gibt aber auch solche, wie du sie bezeichnest.

Sokrates. Das genügt schon. Denn wenn die zwiefacher Art ist, so ist doch der eine Teil Schmeichelei und eine häßliche Art, das Volk zu bereden, der andere aber wäre etwas Schönes, Besserung für die Seelen der Bürger zu bewirken und unverdrossen immer nur das Beste zu reden, mag es das Angenehmere oder das Unangenehmere für die Hörer sein. Aber niemals gewiß hast du diese Redekunst erlebt; oder wenn du einen solchen unter den Rednern

nennen kannst, warum hast du mir nicht seinen Namen angegeben?
Kallikles. Ja, beim Zeus, ich weiß dir keinen zu nennen, wenigstens unter den jetzigen Rednern.
Sokrates. Nun? etwa unter den Alten weißt du einen zu nennen, durch dessen Verdienst die Athener besser geworden sind, seit er angefangen, das Volk zu bereden, während sie vorher schlechter waren? Denn ich weiß nicht, wer das sein soll.
Kallikles. Wie? hast du nicht gehört, was für ein vortrefflicher Mann Themistokles gewesen ist, und Kimon und Miltiades, und unser Perikles, der erst neuerdings gestorben ist und den du noch selbst gehört hast?
Sokrates. Ja, Kallikles, wenn nämlich das die wahre Tugend ist, welche du vorher meintest, Begierden zu befriedigen, seine eigenen und die anderer; wenn aber nicht dies, sondern was wir in dem späteren Teil des Gespräches anzunehmen genötigt wurden, nämlich welche Begierden, wenn sie befriedigt werden, den Menschen besser machen, diese zu erfüllen, welche aber schlechter, die nicht, und daß es hierzu einer Kunst bedürfe – kannst du dann wohl sagen, daß irgendeiner von diesen Männern ein solcher gewesen sei?
Kallikles. Ich weiß nicht, wie ich das soll.
59. Sokrates. Wenn du schön suchst, wirst du es finden. Laß uns aber ganz ruhig betrachtend zusehen, ob einer von diesen ein solcher gewesen ist. Nicht wahr, der rechtschaffene Mann, der um des Besten willen sagt, was er sagt, der wird doch nicht in den Tag hinein reden, sondern etwas Bestimmtes vor Augen haben, sowie auch alle anderen Künstler, jeder sein eigentümliches Werk im Auge habend, nicht aufs Geratewohl zugreifend jedesmal etwas Neues an sein Werk anlegen, sondern damit das, was er ausarbeitet, eine gewisse bestimmte Gestalt bekomme. Wenn du etwa die Maler ansehen willst, die Baumeister, die Schiffsbauer, alle anderen Handwerker, welche du

willst, so bringt jeder alles, was er nimmt, nach einer bestimmten Ordnung und zwingt jedes einzelne, sich zu dem andern zu fügen und ihm angemessen zu sein, bis er das ganze Werk wohlgeordnet und mit Schönheit ausgestattet hingestellt hat. So machen es alle anderen Künstler, und so auch die, von denen wir eben sprachen, die es mit dem Leibe zu tun haben, die Ärzte und die Meister der Leibesübungen, daß sie den Leib in Ordnung und Anstand bringen. Ist das so oder nicht?

Kallikles. Es mag so sein.

Sokrates. Ein Hauswesen also, in welchem Ordnung und Anstand anzutreffen ist, das wäre ein vollkommenes, in welchem aber Unordnung, ein zerrüttetes?

Kallikles. Ja.

Sokrates. Ebenso auch ein Schiff?

Kallikles. Ja.

Sokrates. Und dasselbe sagen wir auch von unserm Leibe?

Kallikles. Freilich.

Sokrates. Und von der Seele? Wird die vollkommen sein, wenn Unordnung in ihr herrscht, oder wenn Ordnung und Anstand?

Kallikles. Notwendig ergibt sich aus dem vorigen auch dieses.

Sokrates. Wie nennt man nun das, was für den Leib aus Ordnung und Anstand sich bildet?

Kallikles. Du meinst wohl Gesundheit und Stärke.

Sokrates. Jawohl. Wie aber das, was sich in der Seele aus der Ordnung und dem Anstand entwickelt? Versuche doch auch dafür wie für jenes einen Namen zu finden und anzugeben.

Kallikles. Warum sagst du ihn nicht selbst, Sokrates?

Sokrates. Wenn es dir lieber ist, will ich ihn sagen. Aber nur wenn du glaubst, daß ich es richtig sage, stimme mir bei; wenn aber nicht, so widerlege mich, und sieh mir ja nichts nach. Ich meine also, die Ordnungen für den Leib heißen Gesundheitsregeln, wodurch in ihm Gesundheit und jede andere Tüchtigkeit des Leibes entsteht. Ist das so oder nicht?

Kallikles. Ja.

Sokrates. Die Ordnungen aber und Bildungsvorschriften für die Seele sind Recht und Gesetz, vermittels deren die Menschen rechtlich und anständig werden, und darin besteht eben Gerechtigkeit und Besonnenheit. Bejahst du es oder nicht?

Kallikles. Nun, ja.

60. Sokrates. Mit Hinsicht hierauf also wird jener rechte und kunstmäßige Redner sowohl alle seine Reden, die er der Seele anbringt, einrichten, als auch seine Handlungen, und was er gewährt, wird er gewähren, wo er etwas versagt und entzieht, wird er es versagen, indem er darauf immer seinen Sinn richtet, wie Gerechtigkeit in die Seele seiner Mitbürger kommen möge, Ungerechtigkeit aber weiche und Besonnenheit hineinkomme, Zügellosigkeit aber weiche, und so jede andere Tugend hineinkomme, die Untugend aber abziehe. Räumst du dies ein oder nicht?

Kallikles. Jawohl.

Sokrates. Denn was würde es auch nützen, lieber Kallikles, einem kranken zerrütteten Leibe viele und noch so angenehme Speisen zu reichen und Getränke oder irgend etwas, was ihm bisweilen um nichts mehr dient als das Gegenteil oder strenggenommen wohl noch weniger. Ist das so oder nicht?

Kallikles. Nun ja.

Sokrates. Denn ich denke, es frommt dem Menschen nicht, in einem jämmerlichen Zustande des Leibes fortzuleben, weil er ja so auch notwendig ein jämmerliches Leben führt. Oder ist es nicht so?

Kallikles. Ja.

Sokrates. Und nicht wahr, seine Begierden zu befriedigen, wie wenn er hungert, zu essen so viel er will, und wenn ihn dürstet, zu trinken, das gestatten die Ärzte dem

Gesunden wohl meistenteils, den Kranken aber lassen sie gerade niemals das genießen, wonach ihn gelüstet. Dies gibst du doch auch wohl zu?

Kallikles. Jawohl.

Sokrates. Hat es aber mit der Seele, mein Bester, nicht dieselbe Bewandtnis? Solange sie noch schlecht ist, weil sie unvernünftig, unbändig, ungerecht und unfromm ist, muß man sie von den Begierden fernhalten und ihr nicht gestatten, irgend anderes zu tun, als wodurch sie besser werden kann? Ja oder nein?

Kallikles. Ja.

Sokrates. Denn so ist es wohl für die Seele selbst am besten?

Kallikles. Jawohl.

Sokrates. Und zurückhalten von dem, was sie begehrt, das heißt doch bändigen und in Zucht halten?

Kallikles. Ja.

Sokrates. In Zucht gehalten werden, das ist also für die Seele besser als die Unbändigkeit, wie du doch vorher meintest.

Kallikles. Ich weiß nicht, was du vorbringst, Sokrates. Frage doch einen andern.

Sokrates. Dieser Mann will sich nicht gefallen lassen, jenen Vorteil zu erlangen und selbst das zu leiden, wovon die Rede ist, nämlich in Zucht gehalten zu werden.

Kallikles. Auch kümmert mich gar nichts von allem, was du sagst, und ich habe dir auch bis jetzt nur um des Gorgias willen geantwortet.

Sokrates. Schön. Was wollen wir also machen? Die Untersuchung abgebrochen liegenlassen?

Kallikles. Das magst du selbst entscheiden.

Sokrates. Sagt man doch, es sei nicht recht, auch nur ein Märchen abgebrochen liegenzulassen, sondern man solle ihm einen Kopf aufsetzen, damit es nicht ohne Kopf umhergehe. So beantworte doch noch das übrige, damit auch unser Gespräch einen Kopf erhalte.

61. Kallikles. Wie zudringlich du bist, Sokrates! Wenn du indes mir folgen wolltest, ließest du diese Rede fallen oder sprächest mit einem andern.
Sokrates. Wer von den anderen will also? Denn unvollendet wollen wir doch die Untersuchung nicht lassen.
Kallikles. Kannst du sie denn nicht allein zu Ende bringen, sei es nun, daß du zusammenhängend fortsprächest oder daß du dir selbst antwortetest?
Sokrates. Damit es mir gehe, wie Epicharmos sagt: „Was vorhin zwei Männer sprachen, dazu soll ich allein tüchtig sein[39].“ Indes es mag wohl die höchste Not sein auf diese Art. Wollen wir es nun so machen, so denke ich, so muß auch allen sehr daran gelegen sein zu wissen, was in der Sache, wovon wir sprechen, wahr, was falsch ist. Denn es ist für alle insgemein gut, daß dies ans Licht komme. Ich will es also durchgehen, wie ich glaube, daß es sich verhält. Wenn aber einen von euch dünkt, ich stimmte mir selbst bei, wo ich nicht sollte, so müßt ihr dazwischentreten und mich widerlegen. Denn nicht als wüßte ich es, sage ich das, was ich sage, sondern als suchte ich es gemeinschaftlich mit euch, so daß, wenn mir scheint, derjenige habe recht, der einen Zweifel aufwirft, ich es zuerst einräumen werde[40]. Ich sage dies jedoch nur, falls euch gutdünkt, daß die Untersuchung zu Ende geführt werde; wollt ihr aber das nicht, so lassen wir sie und gehen auseinander.
Gorgias. Ich meinesteils, Sokrates, wünsche nicht, daß wir auseinandergehen, sondern daß du die Untersuchung fortführst, und ich sehe wohl, daß die andern es auch wünschen. Denn auch ich möchte sehr gern hören, wie du das übrige allein zu Ende führst.
Sokrates. Freilich, Gorgias, hätte ich gern noch mit unserm Kallikles weitergesprochen, bis ich ihm die Rede des Amphion für die des Zethos wiedergegeben hätte. Da aber du, Kallikles, die Untersuchung nicht mit mir zu Ende führen willst, so merke wenigstens auf und weise mich zurecht, wenn ich nach deiner Ansicht nicht recht habe. Und

wenn du mich überführst, werde ich dir nicht zürnen wie du mir, sondern als mein größter Wohltäter wirst du bei mir angeschrieben stehen[41].

Kallikles. So sprich nur selbst, Guter, und mache ein Ende.

62. Sokrates. Höre denn, wie ich von Anfang an alles wieder aufnehme.

Ist wohl das Angenehme und das Gute einerlei? – Nein, wie ich und Kallikles übereingekommen sind. – Muß nun das Angenehme um des Guten willen getan werden oder das Gute um des Angenehmen willen? – Das Angenehme um des Guten willen. – Angenehm aber ist das, durch dessen Anwesenheit wir ergötzt werden; gut hingegen, durch dessen Anwesenheit wir gut sind? – Jawohl. – Gut sind wir jedoch, wir und überhaupt alles, was gut ist, dadurch, daß eine Tugend in uns Eingang fand. – Dies dünkt mich wenigstens notwendig, Kallikles. – Die Tugend eines jeglichen Dinges aber, eines Gerätes wie eines Leibes und so auch einer Seele und jegliches Lebenden, findet sich nicht so von ungefähr aufs Schönste herzu, sondern durch Ordnung, richtiges Verhalten und durch die Kunst, wie sie einem jeden verliehen worden ist. Ist dem so? – Ich denke wohl. – Durch Ordnung also wird die Tugend eines jeden festgesetzt und instand gebracht? – Ich würde es bejahen. – Ein gewisser eigentümlicher Anstand also, der sich in einem jeden bildet, macht jeden und jedes gut? – So dünkt mich. – Auch die Seele also, die ihren eigentümlichen Anstand hat, ist besser als die ungeordnete? – Notwendig. – Die aber ihren Anstand hat, das ist die sittliche? – Wie anders? – Und die sittliche ist die besonnene? – Notwendig. – Die besonnene Seele also ist die gute? – Ich wenigstens weiß nichts anderes zu sagen als dies, lieber Kallikles, weißt du aber etwas, so lehre es mich.

Kallikles. Sprich nur weiter, mein Guter.

Sokrates. Weiter also sage ich, wenn die besonnene Seele die gute ist, so ist die von der entgegengesetzten Beschaffenheit die schlechte! die war aber die unverständige und zuchtlose? — Freilich. — Der Besonnene aber tut überall, was sich gebührt gegen Götter und Menschen; denn er wäre ja nicht besonnen, wenn er das Ungebührliche täte? — Das ist notwendig so. — Tut er nun, was sich gebührt gegen Menschen, so tut er das Gerechte; und wenn dasselbe gegen die Götter, dann das Fromme, und wer gerecht und fromm handelt, der ist notwendig auch gerecht und fromm? — Jawohl. — Ja auch tapfer notwendig; denn dem Besonnenen ist es nicht eigen, etwas zu suchen oder zu fliehen, was sich nicht gebührt, sondern diejenigen Ereignisse und Menschen, Lust und Unlust zu fliehen und zu suchen, welche er soll, und standhaft auszuharren, wo er soll. Darum muß notwendig, Kallikles, der besonnene Mann, da er, wie wir gezeigt haben, auch gerecht, tapfer und fromm ist, auch der vollkommen gute Mann sein; der Gute aber wird schön und wohl in allem leben, wie er lebt, wer aber wohllebt, wird auch zufrieden und glücklich sein; der Schlechte hingegen und der, welcher schlecht lebt, elend[42]. Und dies wäre der, welcher dem Besonnenen entgegengesetzt ist, der Zügellose, dessen Glück du gepriesen hast.

63. Das ist nun meine Ansicht, und von ihrer Wahrheit bin ich überzeugt. Ist dies aber wahr, so muß doch wohl, wer glücklich sein will, die Besonnenheit suchen und üben, die Zügellosigkeit aber fliehen, jeder so weit und so schnell er kann, und muß dies vor allen Dingen zu erlangen suchen, daß er keiner Züchtigung bedürfe, bedürfte er ihrer aber entweder selbst oder einer von seinen Angehörigen, sei es ein einzelner oder der Staat, dann Strafe auflegen und züchtigen, wenn er glücklich sein soll. Dies dünkt mich das Ziel zu sein, auf das man bei Führung des Lebens hinsehen muß, und alles in eigenen und gemeinschaftlichen Angelegenheiten darauf hinlenkend so verrichten, daß immer Gerechtigkeit und Besonnenheit dem gegenwärtig bleibe, der glücklich werden will; nicht aber so, daß man die Begier-

den zügellos werden lasse und in dem Bestreben, sie zu befriedigen, ein überschwengliches Übel, das Leben eines Räubers lebe. Denn weder von einem Menschen kann ein solcher noch von Gott geliebt sein; denn er kann in keiner Gemeinschaft leben, wo aber keine Gemeinschaft ist, da kann auch keine Freundschaft sein. Die Weisen aber behaupten, Kallikles, daß auch Himmel und Erde, Götter und Menschen nur durch Gemeinschaft bestehen bleiben und durch Freundschaft, Schicklichkeit, Besonnenheit und Gerechtigkeit, und nennen, mein Gefährte, dies Ganze deshalb Kosmos, nicht Unordnung und Zügellosigkeit. Du aber, wie mich dünkt, achtest hierauf nicht, wiewohl du so weise bist, sondern es ist dir entgangen, daß das geometrische Gleichmaß im Himmel und auf Erden große Bedeutung hat; du aber glaubst, alles komme an auf das Mehrhaben, weil du eben die Geometrie vernachlässigst. Doch genug. Entweder also müssen wir diesen Satz widerlegen, daß nicht durch Gerechtigkeit und Besonnenheit die Glücklichen glücklich und durch Schlechtigkeit die Elenden elend sind, oder wenn er wahr bleibt, muß man sehen, was folgt. Nämlich das vorige, Kallikles, folgt alles, wovon du mich fragtest, ob ich es im Ernst meinte, als ich sagte, daß man den, welcher nur etwas Unrechtes getan hat, anklagen müsse, sich selbst, seinen Sohn, seinen Freund, und dazu die Redekunst gebrauchen. Und was du meintest, Polos habe es mir aus Scham zugegeben, das war also wahr, daß nämlich das Unrecht-Tun, um wieviel es häßlicher ist als das Unrecht-Leiden, auch soviel schlechter ist. Wer also ein richtiger Redner werden will, muß notwendig gerecht und des Rechtes kundig sein, wovon wiederum Polos meinte, Gorgias habe es nur aus Scham zugegeben.

64. Wenn dem nun so ist, laß uns sehen, wie es wohl mit dem steht, was du mir vorwirfst, ob es wohl recht gesagt ist oder nicht, daß ich nicht imstande sei, mir selbst noch irgendeinem meiner Freunde und Angehörigen zu helfen oder sie aus den größten Gefahren zu erretten, sondern

daß ich in eines jeden Gewalt bin, wie die Geächteten, der nur Lust hat, und wenn er mich auch, was ja das Übermütigste in deiner Rede war, ins Angesicht schlagen oder des Vermögens berauben oder aus der Stadt vertreiben oder endlich gar töten wollte, und sich in solchem Zustande zu befinden doch das Schändlichste ist, wie du behauptet hast. Meine Meinung dagegen, welche schon oft gesagt worden ist, und mag sie immer noch einmal gesagt werden, ist: ich leugne, Kallikles, daß ungerechterweise ins Angesicht geschlagen zu werden das Schändlichste ist; auch nicht, wenn man mir den Leib oder den Geldbeutel in Stücke schnitte, sondern eben mich und das Meinige ungerechterweise selbst zu schlagen und zu schneiden ist sowohl häßlicher als übler. Ebenso Diebstahl und Entführung zur Knechtschaft und gewaltsamer Einbruch, und überhaupt jedes andere Unrecht gegen mich und das Meinige ist für den, der es begeht, übler und schändlicher als für mich, an dem es begangen wird. Dies, was sich uns auch schon in den früheren Untersuchungen so gezeigt hatte, bleibt, wie ich sage, fest und wohlverwahrt – sollte es auch etwas derb klingen – mit eisernen und stählernen Gründen, wie es ja noch scheint, welche du oder ein noch Mutigerer entweder lösen muß, oder es wird nicht möglich sein, anders als ich getan und doch richtig über die Sache zu reden. Denn ich wiederhole es immer, daß ich zwar nicht weiß, wie sich dies verhält, daß aber von denen, mit denen ich zusammengetroffen bin, wie auch jetzt, keiner imstande gewesen ist, etwas anderes zu behaupten, ohne sich lächerlich zu machen. Daher sage ich wiederum, daß es sich so verhält. Und wenn es sich so verhält und das größte unter allen Übeln die Ungerechtigkeit selbst ist für den, der Unrecht tut, und noch ein größeres womöglich als dieses größte die Ungestraftheit des Unrechttuns ist, welche Hilfe müßte dann ein Mensch sich selbst zu leisten unfähig sein, um dadurch in Wahrheit zum Gespött zu werden? Nicht diejenige, welche gerade den größten Schaden von uns abwendet? Ganz notwendig doch muß es das Schmählichste sein, gerade diese Hilfe sich selbst und seinen Freunden und Angehörigen nicht leisten zu können, nächstdem aber die gegen das zweite Übel, und drittens die gegen das dritte, und so fort nach der eigentümlichen Größe eines jeden Übels ist es auch schön, gegen jedes Hilfe leisten zu können, und schmählich, es nicht zu können. Verhält es sich anders oder so, Kallikles?

Kallikles. Nicht anders.

65. Sokrates. Unter den beiden nun, dem Unrechttun und Unrechtleiden, ist das größere Übel, sagen wir, das Unrechttun, das kleinere das Unrechtleiden. Was müßte sich nun jemand wohl verschaffen, um diese beiden Vorteile zu genießen, den, nicht Unrecht zu tun, und den, nicht Unrecht zu leiden? Die Macht oder das Wollen? Ich meine nämlich so: Wenn einer nicht Unrecht leiden will, wird er schon deshalb wirklich nicht Unrecht leiden? Oder wird er nur dann, wenn er sich die Macht erworben hat, nicht Unrecht zu leiden, auch wirklich nicht Unrecht leiden?

Kallikles. Das ist wohl offenbar, wenn man die Macht besitzt.

Sokrates. Und wie ist es mit dem Unrechttun? Ist es genug, wenn einer nur nicht Unrecht tun will, so daß er dann auch nicht Unrecht tun wird; oder muß auch hierzu ein Vermögen und eine Kunst erworben werden, weil der, welcher diese nicht lernt und übt, doch Unrecht tun wird? — Warum beantwortest du mir nicht dies wenigstens, Kallikles? Glaubst du, daß ich und Polos durch eine wahre Notwendigkeit dahin gebracht worden sind oder nicht, in unserem vorigen Gespräch dies einzugestehen, was wir zugegeben haben, niemand tue mit Willen Unrecht, sondern alle Unrechttuenden täten wider Willen Unrecht?

Kallikles. Auch das mag so sein, Sokrates, damit du nur deinen Beweis zu Ende bringst.

Sokrates. Auch hierzu also, wie es scheint, muß ein

Vermögen und eine Kunst erworben werden, um nicht Unrecht zu tun.

Kallikles. Jawohl.

Sokrates. Worin besteht nun eigentlich die Kunst, durch welche man erreicht, daß man gar nicht oder so wenig als möglich Unrecht leidet? Sieh zu, ob du ebenso denkst wie ich. Ich denke nämlich so: Entweder muß man selbst im Staate gesetzmäßig herrschen oder Tyrann sein — oder man muß ein Genoß der bestehenden Staatsordnung sein.

Kallikles. Siehst du, Sokrates, wie bereit ich bin, dich zu loben, wenn du einmal recht hast? Dies scheinst du mir sehr gut gesagt zu haben.

66. Sokrates. Überlege dir denn, ob es dir gut gesagt scheint. Freund nämlich dünkt mich einem jeden der am meisten zu sein, von dem es schon die Alten und Weisen sagen, „der Ähnliche dem Ähnlichen". Meinst du nicht auch?

Kallikles. Ja.

Sokrates. Wenn also ein roher und ungebildeter Mann irgendwo eigenmächtig herrscht, wird nicht ein solcher Tyrann, wenn es irgend in diesem Staate einen weit besseren Mann gibt, als er selbst ist, diesen fürchten und ihm nicht von ganzer Seele freund sein können?

Kallikles. Jawohl.

Sokrates. Ebensowenig aber auch der, welcher weit schlechter wäre. Denn einen solchen würde der Tyrann verachten und ihn niemals wie einen Freund behandeln können.

Kallikles. Auch das ist wahr.

Sokrates. Es bleibt also nur der übrig als der rechte Freund für einen solchen, der ihm gleichgesinnt wäre, dasselbe lobend und tadelnd, und sich dennoch beherrschen lassen und dem Gewalthabenden unterworfen sein wollte. Dieser wird dann einen großen Einfluß in einem solchen Staate besitzen, und niemand wird ihn ungestraft beleidigen. Ist's nicht so?

Kallikles. Ja.

Sokrates. Wollte also in diesem Staate einer von dem jüngeren Geschlecht überlegen: auf welche Weise könnte ich wohl zu großer Macht gelangen, daß mich niemand beleidigte, so wäre dies, wie es scheint, der Weg für ihn, daß er sich gleich von Jugend an gewöhnte, dasselbe zu lieben und zu hassen wie sein Herr, und es darauf anlegte, diesem so ähnlich zu werden als möglich. Nicht so?

Kallikles. Ja.

Sokrates. Also dadurch wird es ihm gelingen, daß er nicht beleidigt und, wie ihr sagt, große Macht im Staate erlangen werde.

Kallikles. Jawohl.

Sokrates. Auch Freiheit vom Unrechttun? Oder weit gefehlt, wenn er ja einem ungerechten Gewalthaber ähnlich sein und bei diesem viel vermögen soll? Nein, ich denke, im Gegenteil wird er sich in die Verfassung setzen, imstande zu sein, möglichst viel Unrecht zu tun und doch nicht bestraft werden. Nicht wahr?

Kallikles. Offenbar.

Sokrates. Also wird ihm das größte Übel zuteil, daß er sich nämlich um dieser Nachahmung seines Herrn und dieser Gewalt willen seine Seele zerrüttet und geschändet hat?

Kallikles. Ich weiß nicht, wie du jedesmal deine Worte windest und drehst, Sokrates, immer wieder das Unterste nach oben. Oder weißt du nicht, daß dieser Nachahmer jenen töten und des Vermögens berauben wird, der nicht nachahmt?

Sokrates. Das weiß ich, mein guter Kallikles, wenn ich nicht taub bin, da ich es ja von dir und Polos mehr als einmal gehört habe und auch sonst von fast allen in der Stadt. Aber höre du mich auch; er wird ihn freilich töten, wenn er will; aber er ist dann ein Schurke und jener ein rechtschaffener Mann.

Kallikles. Ist das nicht eben gerade beklagenswert?

Sokrates. Nein – nicht für jeden Vernünftigen, wie unsere Untersuchung zeigt. Oder soll der Mensch nur dafür sorgen, daß er die längstmögliche Zeit lebe, und sich nur der Künste befleißigen, die uns immer aus den Gefahren erretten, wie auch der Redekunst, deren ich nach deinem Rate mich befleißigen soll, weil sie uns vor Gericht aushelfen kann?

Kallikles. Ja, beim Zeus, das ist gerade ein guter Rat.

67. Sokrates. Nun weiter, mein Bester. Hältst du auch die Kunst zu schwimmen für hochwichtig?

Kallikles. Wahrlich, ich nicht.

Sokrates. Und doch rettet auch sie die Menschen vom Tode, wenn ihnen ein solcher bevorsteht, wobei es dieser Kunst bedarf. Dünkt dich nun diese doch geringfügig, so will ich dir eine größere nennen, die Steuermannskunst, welche nicht nur das Leben, sondern auch Leib und Vermögen zugleich aus den äußersten Gefahren rettet, ebenso wie die Redekunst. Und auch diese hält sich sehr zurückgezogen und bescheiden und macht gar nicht große Ansprüche in ihrem ganzen Betragen, als ob sie etwas Außerordentliches leistete, sondern, wenn sie dasselbe geleistet hat, was die gerichtliche Verteidigung, so will sie doch, wenn sie einem aus Ägina glücklich hierher geholfen hat, glaube ich, zwei Obolen verdient haben[43]; wenn aber aus Ägypten oder dem Pontos, wird sie für diese große Wohltat, nachdem sie einen mit Weib und Kind und Habe gerettet und in den Hafen gebracht hat, höchstens zwei Drachmen fordern, und er selbst, der diese Kunst besitzt und dies geleistet hat, steigt aus und geht am Ufer seinem Schiffe entlang in einem bescheidenen Gewande spazieren. Er weiß nämlich, so denke ich, zu berechnen, daß ihm unbewußt ist, wem von der Schiffsgesellschaft er wirklich Nutzen gebracht hat, indem er sie nicht ertrinken ließ, und wem vielleicht Schaden, da er ja weiß, daß er sie um nichts besser ausgesetzt hat, als sie eingestiegen waren, weder dem Leibe noch der Seele nach. Er berechnet also, daß, wenn schon ein mit großen und unheilbaren Leibesübeln Behafteter, der nicht ertrank, der Mann elend daran ist, daß er den Tod nicht gefunden hat, und also gar nicht durch ihn gebessert wurde, daß wohl unmöglich einem mit großen und unheilbaren Übeln an der Seele, die viel mehr als der Leib wert ist, Behafteten gut sein könne, weiterzuleben, und man ihm einen Nutzen verschafft habe, wenn man ihn, gleichviel ob aus der See oder vor Gericht oder wo nur sonst irgendher errettet. Nein, er weiß, daß es für einen solchen elenden Menschen gar nicht besser ist zu leben, weil er eben schlecht leben muß.

68. Darum bildet sich auch dem Brauche gemäß kein Steuermann darauf etwas ein, wenn er uns rettet. Und ebensowenig der Maschinenbauer, du Wunderbarer, der die Befestigungen besorgt, wiewohl er bisweilen kein geringerer Helfer als selbst ein Heerführer ist, geschweige denn als der Schiffer und als sonst irgendeiner; denn er rettet mitunter ganze Städte. Meinst du nicht, der könnte sich ja wohl dem Sachwalter gleichstellen? Und doch, Kallikles, wenn er reden wollte wie ihr und die Sache herausstreichen, er würde euch ganz überschütten mit seinen Reden und Ermahnungen, daß ihr Maschinenbauer solltet werden und daß alles andere nichtig sei. Denn an Stoff dazu fehlt es ihm nicht. Aber du achtest ihn dennoch gering samt seiner Kunst, ja gar zum Schimpf würdest du ihn „Maschinenbauer" nennen und würdest weder seinem Sohn deine Tochter zur Frau geben noch die seinige für deinen Sohn nehmen wollen. Und doch nach den Gründen, auf die hin du deine Kunst lobst, mit welchem Rechte kannst du ihn und die übrigen, die ich erwähnte, gering achten? Ich weiß, du wirst sagen, du wärest ein Besserer und von Besseren abstammend. Allein wenn das Bessere nicht das sein soll, was ich so nenne, sondern eben dies die Tugend ist, nur sich selbst und das Seinige zu erhalten, wie einer auch sonst sein möge, so ist es lächerlich, daß du den Maschinenbauer verachtest und den Arzt und all die ande-

ren Künste, welche die Erhaltung zur Aufgabe haben. Also, Bester, sieh zu, ob nicht das Edle und Gute etwas ganz anderes ist als das Erhalten und Erhaltenwerden. Muß nicht ein Mann, der es wahrhaft ist, ebendies, nur zu leben, solange es irgend geht, aufgeben und keineswegs am Leben hängen, sondern dieses muß er Gott überlassen und muß den Weibern glauben, daß doch „keiner seinem Schicksal entgeht", und nur darauf sehen, auf welche Weise er während der Zeit, die er nun zu leben hat, am besten leben möge, ob so, daß er sich selbst dem Staat ähnlich mache, in dem er wohnt, und du also jetzt dem Demos der Athener so ähnlich als möglich werden mußt, wenn du bei ihm beliebt sein und großen Einfluß in der Stadt haben willst? Sieh zu, ob es dir und mir wirklich nützt, damit es uns nicht gehe, wie man von den thessalischen Weibern sagt, welche den Mond herunterziehen wollen, und auch wir für das Liebste, was wir haben, uns dieses holen, großen Einfluß im Staate zu haben[44]. Glaubst du aber, daß irgendein Mensch dir eine solche Kunst verleihen könne, die dir großen Einfluß im Staate verschafft, wenn du auch ihrer Verfassung unähnlich bist, gleichviel ob besser oder schlechter, so bist du schlecht beraten, Kallikles, wie mich dünkt. Denn nicht ein bloßer Nachahmer darfst du sein, sondern schon von Natur ihm ähnlich, wenn du etwas Ordentliches in der Freundschaft des athenischen Demos erlangen willst, und so auch wahrlich in der des Pyrilampes-Sohnes. Wer dich also diesem recht ähnlich macht, der macht dich zu einem solchen Staatsmann und Redner, wie du es zu sein wünschest. Denn was nach seinem eigenen Sinn gesprochen wird, daran freut sich ein jeder, was aber aus einem fremden, das ist ihm zuwider — wenn du nicht etwa anders meinst, geliebtes Haupt. Haben wir etwas darauf zu erwidern, Kallikles?

69. Kallikles. Fast scheint es mir, ich weiß selbst nicht wie, du habest recht, Sokrates. Es geht mir aber wie der Menge: ich bin nicht ganz von dir überzeugt.

Sokrates. Ja, die Liebe zum Demos, die du in der Seele hast, Kallikles, steht mir entgegen; aber wenn wir vielleicht öfter und besser dasselbe erwägen, wirst du überzeugt werden. Erinnere dich also, daß wir sagten, es gebe eine zwiefache Behandlungsweise für beides, für Leib und Seele, von denen die eine nur um der Lust willen mit ihnen zu verkehren, die andere mit Hinsicht auf das Beste nicht sich gefällig macht, sondern um die Entscheidung kämpft. War es das nicht, was wir voneinander unterschieden?

Kallikles. Jawohl.

Sokrates. Die eine nun, die es nur mit der Lust zu tun hat, war unedel und nichts anderes ihrem Wesen nach als Schmeichelei? Nicht wahr?

Kallikles. Es sei so, wenn du denn willst.

Sokrates. Die andere aber geht darauf aus, daß die Sache, welche wir behandeln, sei es nun Leib oder Seele, so gut wie möglich werde.

Kallikles. Jawohl.

Sokrates. Sollen wir also versuchen, auf diese Weise den Staat und die Bürger zu behandeln, um sie soviel als möglich besser zu machen? Denn ohne dies, wie wir vorher fanden, ist es zu nichts nütze, ihnen irgendeine andere Wohltat zu erweisen, wenn nicht die Seele derer gut und schön ist, welche entweder zu großem Besitz oder zur Herrschaft über andere oder sonst irgendeiner Macht gelangen sollen. Sagen wir, daß es sich so verhält?

Kallikles. Ja, wenn es dir so lieber ist.

Sokrates. Wenn wir uns nun einander zuredeten, Kallikles, uns mit den öffentlichen Angelegenheiten zu befassen, etwa im Fache der Baukunst mit den Mauern, Schiffswerften oder den wichtigsten heiligen Gebäuden, müßten wir uns dann wohl zuvor betrachten und prüfen, zuerst, ob wir wohl die Baukunst selbst verstehen oder nicht, und von wem wir sie gelernt haben? Müßten wir das oder nicht?

Kallikles. Allerdings.

Sokrates. Zweitens aber auch, ob wir schon wenigstens zum Gebrauch des gemeinen Lebens irgendein Gebäude aufgeführt haben für einen unserer Freunde oder für uns selbst und ob dieses gut oder schlecht ist. Und wenn sich aus der Untersuchung ergibt, daß wir vortreffliche und berühmte Lehrer gehabt und viele schöne Gebäude mit unseren Lehrern gemeinschaftlich aufgeführt haben, viele auch selbst allein, seitdem wir uns von unseren Lehrern getrennt haben, so ziemte es unter allen Umständen vernünftigen Menschen, sich auch an die öffentlichen Bauwerke zu wagen. Könnten wir aber weder unsere Lehrer aufweisen noch auch andere als schlechte Gebäude, dann wäre es doch gewiß unvernünftig, öffentliche Werke zu unternehmen und uns einander dazu aufzufordern. Wollen wir sagen, dies sei richtig oder nicht?

Kallikles. Freilich.

70. Sokrates. Steht's nicht auch ebenso mit allem übrigen, wenn wir uns zureden wollten, auch die öffentlichen Geschäfte der Ärzte zu übernehmen, als tüchtig in diesem Fach? Würden wir uns da nicht erst prüfen, ich dich und du mich: „Laß doch sehen, bei Gott, wie steht es doch mit des Sokrates eigener Gesundheit? Oder ob wohl jemand durch ihn von einer Krankheit befreit worden ist, sei es ein Sklave oder ein Freier?" Auf dieselbe Art würde auch ich dich prüfen, und fänden wir nicht, daß wir jemals irgendeinen gesünder gemacht hätten, weder Fremden noch Bürger, weder Mann noch Weib, wäre es beim Zeus, Kallikles, nicht in Wahrheit lächerlich, daß Menschen noch so töricht sein könnten, daß sie, wie man zu sagen pflegt, gleich am Fasse die Töpferei zu erlernen versuchen und selbst in öffentliche Dienste treten und andere, die nicht besser sind, dazu auffordern, ehe sie für sich vieles, wie es eben gehen wollte, und vieles Gelungene ausgeführt und sich hinlänglich in der Kunst geübt haben? Dünkt es dich nicht unvernünftig, so zu handeln?

Kallikles. Gewiß.

Sokrates. Da du nun aber selbst, mein Bester, erst eben angefangen hast, Staatsgeschäfte zu betreiben, und mich dazu antreibst und es mir zum Vorwurf machst, daß ich es nicht tue, wollen wir nicht einander prüfen? Wohlan, hat Kallikles wohl schon einen Bürger besser gemacht? Ist einer, der zuvor schlecht, ungerecht, zügellos und unvernünftig war, durch Kallikles gut und rechtlich geworden, ein Fremder oder Einheimischer, Sklave oder Freier? Sprich, wenn dich jemand hierauf prüft, Kallikles, was wirst du sagen? Wen wirst du behaupten, besser durch deinen Umgang gemacht zu haben? Zögerst du zu antworten, ob du schon ein solches Werk aufzuweisen hast aus der Zeit, da du für dich lebtest, ehe du dich ins öffentliche Leben wagtest?

Kallikles. Streitsüchtig bist du, Sokrates.

71. Sokrates. Nein, nicht aus Streitsucht frage ich, sondern um in Wahrheit zu erfahren, wie du denn meinst, daß der Staat bei uns verwaltet werden müsse, ob du etwa auf etwas anderes deine Sorgfalt richten willst, wenn du dich der öffentlichen Angelegenheiten annimmst, als darauf, daß wir die besten Bürger werden. Oder haben wir nicht schon oft zugestanden, daß dies die Aufgabe eines Staatsmannes sei? Haben wir es zugestanden oder nicht? Antworte. Wir haben es zugestanden, will ich für dich antworten. Wenn also dies der rechtliche Mann für seinen Staat tun muß, so besinne dich und sage mir noch einmal deine Meinung von den Männern, die du kurz zuvor nanntest, ob du noch glaubst, daß Perikles, Kimon, Miltiades und Themistokles gute Staatsmänner gewesen sind?

Kallikles. Ich glaube es.

Sokrates. Waren sie also gute Staatsmänner, so hat doch offenbar jeder die Bürger zu Besseren aus Schlechteren gemacht. Müssen sie das getan haben oder nicht?

Kallikles. Ja.

Sokrates. Als demnach Perikles vor dem Volke zu

reden anfing, waren die Athener schlechter als bei seinem letzten Auftreten?

Kallikles. Vielleicht.

Sokrates. Nicht doch „vielleicht“, mein Bester, sondern es folgt notwendig aus dem Zugestandenen, wenn er anders ein guter Staatsmann war.

Kallikles. Und was weiter?

Sokrates. Nur dies sage mir noch, ob man wirklich der Meinung ist, die Athener wären durch Perikles besser geworden, oder ob sie vielmehr durch ihn verdorben worden sind. Denn das höre ich oft behaupten, Perikles habe die Athener träge, feige, geschwätzig, habsüchtig gemacht, indem er sie zuerst zu Söldnern machte[45].

Kallikles. Das hörst du von denen mit den zerschlagenen Ohren, Sokrates[46].

Sokrates. Aber folgendes habe ich nicht nur gehört, sondern ich weiß es ganz genau und du auch, daß Perikles zuerst zwar in Ansehen stand und die Athener kein schimpfliches Urteil über ihn aussprachen, als sie noch schlechter waren, nachdem sie aber durch ihn gut und edel geworden waren, haben sie ihn gegen sein Lebensende des Unterschleifs beschuldigt und hätten ihn beinahe am Leben gestraft, offenbar weil sie ihn für nichtswürdig hielten[47].

72. Kallikles. Nun? war Perikles deshalb schlecht?

Sokrates. Ein solcher Aufseher wenigstens über Esel, Pferde und Rinder würde für schlecht gehalten werden, der sie keineswegs stößig, scheu und bissig überkommen, sie aber so hätte verwildern lassen, daß sie nun dies alles tun. Oder dünkt dich nicht jeder ein schlechter Aufseher über jede Art von Tieren, der sie zahmer bekommt und sie wilder macht, als er sie bekommen hat? Scheint dir dies so oder nicht?

Kallikles. Ja doch, damit ich dir gefällig bin.

Sokrates. So tue mir auch noch den Gefallen, mir dies zu beantworten, ob der Mensch auch zu den Tieren gehört oder nicht.

Kallikles. Allerdings.

Sokrates. Und Perikles führte die Aufsicht über Menschen?

Kallikles. Ja.

Sokrates. Wie also? sollten sie nicht nach dem eben Festgesetzten gerechter unter ihm geworden sein aus Ungerechteren, wenn doch er als ein rechter Staatsmann die Aufsicht über sie führte?

Kallikles. Freilich.

Sokrates. Nun aber sind die Gerechten zahm, wie Homer sagt[48]. Was meinst du dazu? Nicht so?

Kallikles. Ja.

Sokrates. Und doch hat er sie wilder gemacht, als er sie vorgefunden hatte, und zwar gegen ihn selbst, was er gewiß am wenigsten wollte.

Kallikles. Willst du, daß ich dir recht gebe?

Sokrates. Wenn dich dünkt, daß ich recht habe.

Kallikles. So mag es denn so sein.

Sokrates. Wenn also wilder, dann auch ungerechter und schlechter?

Kallikles. Es sei also.

Sokrates. Also war Perikles nach dieser Untersuchung kein guter Staatsmann?

Kallikles. Du wenigstens verneinst es.

Sokrates. Beim Zeus, auch du, nach dem, was du mir zugegeben hast. Weiter auch in betreff des Kimon sage mir doch, haben nicht gerade die, deren Bestes er besorgte, ihn aus dem Staate herausgestimmt, um nur zehn Jahre lang seine Stimme gar nicht zu hören? Und haben sie nicht dem Themistokles dasselbe getan und ihn noch obendrein gänzlich verwiesen? Den Miltiades aber, den Sieger von Marathon, beschlossen sie in die Grube zu werfen, und wäre nicht der Prytane gewesen, so würde es auch geschehen sein[49]. Nun aber würde diesen, wären sie so tüchtig gewesen, wie du behauptest, dergleichen nicht begegnet sein. Wenigstens einem guten Wagenführer geht es nicht so, daß er anfangs zwar nicht vom Wagen herunterfällt, wenn er aber seine Pferde erst eine Zeitlang behandelt hat und dadurch auch selbst ein besserer Wagenführer geworden ist, dann herabfällt. Dergleichen kommt nicht vor, weder beim Wagenlenken noch bei irgendeinem andern Geschäft. Oder meinst du?

Kallikles. Nein.

Sokrates. So waren also, wie es scheint, unsere vorigen Behauptungen ganz richtig, daß wir keinen wissen, der ein tüchtiger Staatsmann in dieser Stadt gewesen wäre. Du aber räumtest zwar ein, es gebe keinen unter den jetzigen, unter den früheren aber meintest du doch, und hobst diese Männer heraus. Von diesen aber hat sich gezeigt, daß sie den jetzigen ganz gleich sind, so daß, wenn diese Redner waren, sie weder die wahre Redekunst verstanden haben, denn sonst würden sie nicht gestürzt sein, noch auch die schmeichlerische.

73. Kallikles. Aber es fehlt doch viel, Sokrates, daß von den jetzigen einer solche Werke vollbracht hat, als von ihnen jeder, wen du willst, ausgeführt hat.

Sokrates. Du Wunderbarer! Ich tadle ja auch diese Männer nicht, sofern sie Diener des Staates gewesen sind, vielmehr scheinen sie mir noch dienstwilliger gewesen zu sein als die jetzigen und weit geschickter, dem Staate das zu verschaffen, was dieser wünschte. Aber seine Begierden umzustimmen und ihnen nicht nachzusehen, sondern durch Überredung und Zwang ihn zu dem zu bewegen, wodurch die Bürger besser werden können, darin, offen gesagt, waren diese nichts besser als jene, und dies ist doch das einzige Werk des guten Staatsmannes. Allein Schiffe, Mauern, Werften und vielerlei dergleichen zu schaffen, darin gestehe auch ich dir gern, daß jene weit stärker gewesen sind als diese. Aber Lächerliches treiben wir, ich und du, in unseren Untersuchungen. Denn in der ganzen Zeit, seit wir miteinander sprechen, haben wir noch nicht aufgehört, immer auf dasselbe zurückzukommen und einander gar nicht zu verstehen, was wir meinen. Ich denke nämlich, du hast oft genug zugestanden und eingesehen, daß es wirklich eine solche zwiefache Beschäftigung in bezug auf den Leib und auf die Seele gibt, von denen die eine bloß dienender Art ist, die, daß einer imstande sei, wenn unsern Leib hungert, Speise herbeizuschaffen, wenn ihn dürstet, Getränk, wenn er friert, Kleider, Decken, Schuhe und anderes, wonach der Körper verlangt. Und absichtlich erläutere ich es dir durch dieselben Bilder, damit du es leichter begreifst. Wer nun dies zu verschaffen weiß, sei es ein Krämer oder ein Kaufmann oder ein Verfertiger dieser Dinge, als Koch, Bäcker, Weber, Schuster, Gerber, das ist kein Wunder, daß der sich selbst dafür hält, er sei der Versorger des Leibes, und daß auch andere ihn dafür halten, jeder nämlich, der nicht weiß, daß es außer allen diesen eine Kunst gibt, die Heilkunde nämlich und die Gymnastik, welche in Wahrheit die Versorgerin des Leibes ist, und der auch gebührt, über alle jene Künste zu herrschen und sich ihrer Werke zu bedienen, weil sie nämlich weiß, was das Zuträgliche und das Verderbliche von Speisen und Getränk für die gute Beschaffenheit des Leibes ist, während es die anderen alle nicht wissen. Daher gelten auch jene nur für knechtisch, dienstbar und unfrei in ihren Bemühungen um den Leib, diese aber, die Heilkunde und die Gymnastik, sind mit Recht Herrscherinnen über die anderen. Wenn ich nun meine, daß dasselbe ebenso in Beziehung auf die Seele stattfinde, so scheinst du mir manchmal es recht gut zu verstehen und gibst es zu, als wüßtest du, was ich meine; bald darauf aber kommst du und behauptest, es hätte einige gar gute und vortreffliche Staatsmänner unter uns gegeben, und als ich frage, welche doch, führst du mir Menschen vor, die sich zur Staatskunst vollkommen ebenso verhalten, als wenn du mir auf die Frage hinsichtlich der Gymnastik, was für ausgezeichnete Männer in Besorgung des Leibes wir wohl gehabt haben oder noch haben, ganz ernsthaft antworten wolltest, der Bäcker Thearion und Mithäkos, der die sizilische Kochkunst geschrieben hat, und der Schenkwirt Sarambos, das wären vortreffliche Pfleger des Leibes gewesen, denn der eine hätte wunderschönes Brot geliefert, der andere Speisen, der dritte Wein.

74. Vielleicht würde es dich ärgern, wenn ich dir gesagt hätte: Mann, du verstehst nichts von der Gymnastik, denn du nennst mir nur dienstbare Menschen, die für die Begierden arbeiten und nichts Tüchtiges davon verstehen, die, wenn es sich so trifft, die Leiber der Menschen anfüllen und dick machen, ihnen aber, wiewohl sie gelobt werden, das alte Fleisch auch noch verderben. Die Leute aber werden aus Unkunde nicht diese, von denen sie so bewirtet wurden, beschuldigen, daß sie die Ursache an ihren Krankheiten und an dem Verlust ihrer bisherigen Wohlbeleibtheit wären, sondern die, welche alsdann gerade um sie sind und ihnen einen Rat geben, wenn ihnen nämlich die ehemalige Überfüllung später Krankheiten zuzieht, weil sie ihnen ganz ohne Rücksicht auf die Gesundheit gewährt wurde. Diese werden sie beschuldigen und tadeln und ihnen Übles zufügen, wenn sie es vermögen; jene früheren aber, die eigentlich schuld an dem Übel sind, werden sie loben. Vollkommen ebenso gehst auch du jetzt zu Werke, lieber Kallikles, und preisest Menschen, welche andere auf solche Art bewirtet haben mit allem, wonach sie nur gelüstete, vollauf, und von denen es nun heißt, sie hätten die Stadt zu ihrer Größe erhoben; daß sie aber eigentlich nur aufgedunsen und innerlich vereitert ist durch das Verfahren jener Alten, das merkt man nicht. Denn ohne Besonnenheit und Gerechtigkeit haben sie nur mit Häfen, Werften, Mauern und Zöllen und dergleichen Possen die Stadt angefüllt. Wenn nun der Ausbruch der Krankheit erfolgen wird, werden sie die derzeitigen Ratgeber beschuldigen, den Themistokles aber, den Perikles und Kimon, die Urheber des Elends, werden sie preisen und sich dagegen vielleicht an dich halten, wenn du dich nicht hütest, und an meinen Freund Alkibiades, wenn sie zu dem Neuerworbe-

nen auch noch das Alte verlieren, während ihr doch gar nicht die Urheber des Übels seid, sondern vielleicht nur Mitschuldige. Auch noch etwas ganz Unvernünftiges sehe ich jetzt vorfallen und höre auch gleiches von den Alten. Ich bemerke nämlich, daß, wenn der Staat einen von den Staatsmännern als schuldig behandelt, sie klagen und jammern, als müßten sie Schreckliches erdulden, da sie doch dem Staate so viele Wohltaten erwiesen hätten, und würden nun ungerechterweise von ihm ins Elend gestürzt — so lautet ihre Rede. Aber das ist lauter Lüge. Denn wie kann einem Vorsteher eines Staates von diesem Staate, dem er vorsteht, irgend etwas Übles ungerechterweise widerfahren! Es ist hier nämlich wohl ganz dasselbe mit denen, welche sich für Staatsmänner ausgeben, wie mit denen, welche sich für Sophisten ausgeben. Denn auch die Sophisten, wie weise sie im übrigen sein mögen, begehen hierbei etwas Unsinniges. Obwohl sie nämlich behaupten, Lehrer der Tugend zu sein, beklagen sie sich doch oft über ihre Schüler, daß diese ihnen Unrecht tun, ihnen ihren Lohn vorenthalten, auch anderen Dank nicht erwiesen für das, was sie von ihnen empfingen. Und was kann wohl unvernünftiger sein als diese Rede, daß Menschen, die gut und gerecht geworden sind, denen die Ungerechtigkeit von ihren Lehrern abgenommen und die Gerechtigkeit eingepflanzt worden ist, Unrecht tun sollten mit etwas, was sie gar nicht mehr haben? Dünkt dich das nicht ungereimt, lieber Freund? So zwangst du mich wirklich, eine Volksrede zu halten, Kallikles, weil du nicht antworten wolltest[50].

75. Kallikles. Wärst du also nicht imstande zu sprechen, wenn man dir nicht antwortet?

Sokrates. Es scheint doch so. Jetzt wenigstens habe ich ja meine Reden ziemlich ausgedehnt, da du mir nicht antworten willst. Aber, du Guter, sprich, beim Zeus der Freundschaft, dünkt es dich nicht unvernünftig, wenn einer behauptet, er habe einen andern gut gemacht, und doch

diesem vorwirft, daß er, der durch ihn gut wurde und ist, dann auch schlecht sei?
Kallikles. Das dünkt mich wohl so.
Sokrates. Und hörst du nicht solche Äußerungen von Leuten, welche sich rühmen, die Menschen zur Tugend zu bilden?
Kallikles. Freilich wohl. Aber was redest du von Leuten, die nichts wert sind[51].
Sokrates. Und was willst du nur von denen sagen, welche behaupten, sie leiteten den Staat und sorgten dafür, daß er so gut als möglich werde, und dann doch, wenn es sich so trifft, ihn wieder anklagen als wunder wie schlecht? Meinst du, daß diese irgend besser sind als jene? Ganz dasselbe, mein Bester, ist ein Sophist wie ein Redner oder ihm wenigstens sehr nahe und verwandt, wie ich auch zu Polos sagte. Du aber meinst aus Unkenntnis, die eine, die Redekunst, sei etwas gar Schönes, und die andere dagegen verachtest du. In Wahrheit aber ist Sophistik schöner als Redekunst, wie Gesetzgebung schöner als Rechtspflege und Gymnastik schöner als Heilkunde ist. Und gerade den Volksrednern und den Sophisten, sollte ich meinen, könne es nicht verstattet werden, sich über das zu beklagen, was sie selbst unterrichten und bilden, daß es schlecht gegen sie handle, oder sie müssen mit derselben Rede zugleich auch sich selbst anklagen, daß sie denen nichts nütze gewesen sind, denen sie sich doch rühmen, nützlich zu sein. Ist es nicht so?
Kallikles. Freilich.
Sokrates. Und gerade sie könnten doch, wie natürlich, für ihre Wohltat auf Lohn verzichten, wenn ich anders vorhin recht hatte. Denn wer in einer andern Sache von irgend jemand weiter gefördert ist, etwa wer geschwinder durch den Meister der Leibesübungen geworden ist, der kann diesem vielleicht den Dank entziehen, wenn er es ihm freistellt, ohne über den Lohn mit ihm einig geworden zu sein und, sobald er ihm die Schnelligkeit beigebracht

hat, auch sein Geld an sich genommen zu haben. Denn die Langsamkeit ist nicht das, glaube ich, wodurch die Menschen Unrecht tun, sondern die Ungerechtigkeit. Nicht wahr?

Kallikles. Ja.

Sokrates. Also wenn ihnen jemand eben das hinwegnimmt, die Ungerechtigkeit, so braucht er nicht zu fürchten, daß ihm Unrecht getan werde, sondern gerade der kann es wagen, seine Wohltat unbedingt hinzugeben, wenn er nämlich wirklich andere gut machen kann. Ist es nicht so?

Kallikles. Ich gebe es zu.

76. Sokrates. Darum ist es auch, wie es scheint, gar nicht entehrend, in anderen Dingen seinen Rat für Geld zu erteilen, etwa in Sachen der Baukunst oder in anderen Künsten.

Kallikles. Offenbar.

Sokrates. In dieser Angelegenheit aber, auf welche Weise wohl jemand möglichst gut werden und sein Hauswesen oder seinen Staat gut verwalten könnte, wenn darin jemand seinen Rat versagen wollte, wofern man ihm nicht Geld dafür gäbe, das wird für unedel angesehen. Nicht wahr?

Kallikles. Ja.

Sokrates. Und offenbar ist doch dies die Ursache, daß, weil unter allen Wohltaten diese allein dem Empfangenden das Verlangen erregt, wieder hilfreich zu sein, so daß dieses ein ganz gutes Kennzeichen ist, wenn jemand für die Erweisung dieser Wohltat Vergeltung erntet, wo nicht – ein schlechtes. Ist das so?

Kallikles. Ja.

Sokrates. Zu welcher von beiden Arten den Staat zu behandeln ermahnst du mich also? Das bestimme mir. Zu der, daß ich mit den Athenern ringe, damit sie möglichst gut werden, wie ein Arzt – oder wie einer, der ihnen dienstbar sein muß, und nur wie es ihnen wohlgefällt, mit ihnen

umgeht? Sage es mir aufrichtig, Kallikles. Denn es gebührt dir, wie du dich gegen mich von Anfang an freimütig gezeigt hast, auch nun dabei zu beharren, daß du mir sagst, was du meinst. Rede also auch jetzt frei und offen heraus.
Kallikles. So sage ich denn, du sollst ihnen dienstbar sein.
Sokrates. Ein Schmeichler also zu werden, du edelster Mann, forderst du mich auf.
Kallikles. Oder, wenn's dir lieber ist, sag auch ein Mysier, Sokrates. Aber wenn du das nicht tun willst[52] ...
Sokrates. Sage nur nicht, was du schon so oft gesagt hast: „dann werde mich jeder beliebige töten", damit ich nicht wieder sage: Ja, aber als Schlechter einen Guten; auch nicht etwa, daß er mir nehmen wird, was ich habe, damit ich nicht wieder sage: Ja, aber wenn er es genommen hat, wird er es nicht zu gebrauchen wissen, sondern wie er es ungerecht genommen hat, so wird er es auch ungerecht gebrauchen, und wenn ungerecht, auch häßlich, und wenn häßlich, auch schlecht.
77. Kallikles. Mir scheint, Sokrates, daß du vertraust, dir könne nichts dergleichen begegnen, weil du abgelegen wohnst und könntest nicht etwa von den ersten besten elenden und ganz schlechten Menschen vor Gericht gezogen werden!
Sokrates. Ein Tor wäre ich wahrhaftig, Kallikles, wenn ich nicht glaubte, daß in dieser Stadt jedem alles mögliche begegnen kann, wie es sich trifft. Aber das weiß ich gewiß, wenn ich vor Gericht komme, und es handelt sich um etwas, was du nanntest, so wird mein Ankläger ein schlechter Mensch sein; denn kein rechtschaffener könnte einen unschuldigen Menschen belangen, und es sollte mich gar nicht wundern, wenn ich dann sterben müßte. Soll ich dir sagen, weshalb ich das erwarte?
Kallikles. Jawohl.
Sokrates. Ich glaube mit wenigen Athenern, damit ich nicht sage, ganz allein, mich der wahren Staatskunst zu

befleißigen und unter den Lebenden als einziger das Staatliche zu betreiben. Da ich nun nicht ihnen zum Wohlgefallen rede, was ich jedesmal rede, sondern in Rücksicht auf das Beste, nicht das Angenehmste, und mich nicht mit den herrlichen Dingen befassen will, die du mir zumutest, so werde ich nichts vor Gericht vorzubringen wissen, und es wird mich dasselbe treffen, was ich zu Polos sagte, ich werde nämlich beurteilt werden wie unter Kindern ein Arzt, wenn ihn ein Koch anklagte. Denn bedenke nur, wie sich ein solcher Mensch vor einem solchen Gerichtshofe verteidigen wollte, wenn ihn einer anklagte und spräche: Liebe Kinder, viel Übles hat euch dieser Mann zugefügt, und euch und die noch jüngeren als ihr verdirbt er und ängstigt euch, daß ihr euch nicht zu helfen wißt, mit Schneiden, Brennen, Schwitzen und mit den bittersten Getränken und gezwungenem Hunger und Durst, gar nicht wie ich, der ich euch immer so viel und vielerlei Süßigkeiten zubrachte. Was glaubst du, wird ein Arzt, der in solche üble Lage geraten ist, sagen können? Oder wenn er die Wahrheit sagte: Liebe Kinder, das alles tat ich zu eurer Gesundheit, was meinst du wohl, würden solche Richter für ein Geschrei erheben? Nicht ein großes?

Kallikles. Fast sollte man es denken.

Sokrates. Glaubst du also nicht, daß er in der größten Hilflosigkeit sein wird, was er wohl sagen soll?

Kallikles. Jawohl.

78. Sokrates. Ebenso, weiß ich recht gut, würde es mir auch ergehen, wenn ich vor Gericht käme. Denn keine Lust, die ich ihnen verschafft habe, werde ich ihnen anführen können, was sie doch allein als nützlich und verdienstlich ansehen, aber ich beneide weder die, welche sie ihnen verschaffen, noch die, denen sie verschafft werden. Und wenn jemand behauptet, ich verderbe die Jugend, indem ich sie in Zweifel bringe, oder ich klage die Alten an durch bittere Reden über ihr besonderes Leben und über ihr öffentliches, so werde ich weder die Wahrheit sagen können, nämlich:

„Mit Recht sage ich das alles und betreibe dabei nur euer Bestes, ihr Richter", noch sonst irgend etwas anderes, so daß ich wahrscheinlich, was sich eben trifft, werde über mich ergehen lassen müssen.
Kallikles. Glaubst du nun wohl, Sokrates, daß es schön stehe um einen Menschen, der sich in solcher Lage im Staate befindet und nicht imstande ist, sich selbst zu helfen?
Sokrates. Wenn es ihm nur hieran nicht fehlt, wie du oftmals zugegeben hast, wenn er sich nur dazu verholfen hat, nichts Unrechtes jemals gegen Menschen oder Götter zu reden oder zu tun. Denn dies ist, wie wir oft zugestanden haben, die wichtigste Hilfe, die jeder sich selbst zu leisten hat. Wenn mir nun jemand nachweisen könnte, daß ich hierzu nicht imstande sei, mir selbst und anderen zu helfen, dann würde ich mich schämen, ich möchte dessen nun vor vielen oder wenigen oder auch unter vier Augen überwiesen werden; und wenn ich um dieses Unvermögens willen sterben müßte, das würde mich tief schmerzen. Wenn ich aber wegen Mangel an schmeichlerischer Redekunst sterben müßte, so würdest du sehen, das weiß ich gewiß, wie leicht ich den Tod ertrage. Denn das Sterben an sich fürchtet wohl niemand, es müßte denn einer ganz und gar unvernünftig und unmännlich sein, das Unrechttun aber fürchtet man. Denn wenn die Seele mit vielen Sünden behaftet in die Unterwelt kommen soll, ist das unter allen Übeln das ärgste. Willst du, so will ich dir eine Geschichte erzählen, daß dem so ist.
Kallikles. Da du ja das andere durchgeführt hast, so führe auch das zu Ende.
79. Sokrates. So vernimm denn — wie man zu sagen pflegt — eine sehr schöne Geschichte, die du zwar wahrscheinlich für ein Märchen halten wirst, ich aber für einen wahren Bericht. Denn als wahre Wirklichkeit werde ich dir sagen, was ich nun sagen will. Wie Homer sagt, teilten Zeus und Poseidon und Pluton die Herrschaft unter sich, die sie ihrem Vater abgenommen hatten[53]. Nun bestand dies Ge-

setz für die Menschen unter Kronos — und es besteht auch jetzt noch dauernd unter den Göttern: wer von den Menschen sein Leben gerecht und fromm geführt habe, der gelange nach dem Tode auf die Inseln der Seligen und wohne dort in vollkommener Seligkeit fern aller Übel, wer aber ungerecht und gottlos lebte, gelange in den Kerker der Buße und Gerechtigkeit, der da Tartaros heißt. Über sie saßen zu Gericht unter Kronos und noch im Anfang der Herrschaft des Zeus Lebende über die Lebenden. Sie fällten das Urteil an dem Tage, an dem diese sterben sollten. Darum gerieten die Urteilssprüche schlecht. Da gingen Pluton und die Verwalter der Inseln der Seligen zu Zeus und berichteten, daß oft auf beiden Seiten die Falschen ankämen. Ich, antwortete Zeus darauf, werde diesem Geschehen ein Ende machen: jetzt nämlich werden schlechte Urteile gesprochen — die Beklagten sind ja bekleidet, sagte er, wenn sie gerichtet werden —, weil sie noch am Leben sind. Viele aber haben schlechte Seelen und sind doch bekleidet mit schönen Leibern, mit Adel und Reichtum. Und ergeht das Gericht, dann treten viele Zeugen für sie auf, um zu bezeugen, daß sie gerecht gelebt haben. Die Richter werden also von ihnen verwirrt, richten doch auch sie dazu noch als Bekleidete, denn ihre Seele ist verhüllt mit Auge und Ohr und dem ganzen Leibe. Dies alles steht ihnen im Wege: ihre eigene Bekleidung und die der zu Richtenden. Zuerst also, sagte er, muß es ein Ende haben, daß diese ihren Tod vorauswissen — denn jetzt wissen sie ihn voraus. Dies ihnen zu entziehen, ist Prometheus bereits beauftragt. Weiter sollen sie alle nackt sein, wenn über sie gerichtet wird — denn erst nach dem Tode dürfen sie gerichtet werden. Auch der Richter muß nackt sein, ein Toter, damit er mit der Seele selbst die Seele selbst des jedesmal unvermutet Gestorbenen betrachte, verlassen von allen Verwandten, wie er allen jenen Schmuck auf der Erde zurückgelassen hat, damit das Urteil gerecht sei[54]. Ich habe das früher erkannt als ihr und darum zu Richtern eingesetzt drei von meinen Söhnen: zwei aus Asien, Minos und Rhadamanthys, einen aus Europa, Aiakos[55]. Diese werden, wenn sie gestorben sind, Gericht halten auf dem Anger am Dreiweg, wo die Wege sich gabeln, einer nach den Inseln der Seligen, der andere in den Tartaros. Und die Seelen aus Asien wird Rhadamanthys richten, die aus Europa Aiakos. Die Würde des Schiedsrichters werde ich Minos verleihen, wenn die beiden andern unentschieden sind, auf daß der Urteilsspruch den Menschen so gerecht wie möglich ausfalle für ihre Reise.

80. Dies, Kallikles, halte ich, wie ich es gehört habe, zuversichtlich für wahr und schließe daraus folgendes. Der Tod ist nach meiner Ansicht nichts anderes als zweier Dinge Trennung voneinander, der Seele und des Leibes. Nachdem sie nun voneinander getrennt sind, bewahrt noch jedes von beiden nicht viel weniger dieselbe Beschaffenheit, die es auch hatte, als noch der Mensch lebte, und der Leib hat seine ihm eigene Natur und alles, was er sich angebildet hat und was ihm zugestoßen ist. Wie wenn jemand von Natur oder durch seine Lebensweise oder durch beides einen großen Leib hatte, so ist auch sein Leichnam noch groß, wenn er tot ist, war er dick, ist auch der Leichnam dick, und alles andere ebenso; und mochte einer gern langes Haar tragen, so ist auch der Leichnam langhaarig. Und wiederum wenn einer ein gemeiner Verbrecher war und bei seinen Lebzeiten Spuren von Schlägen oder von Hieben und anderen Wunden an seinem Leibe trug, so wird man auch an dem Leichnam dies sehen. Und hatte einer irgend zerbrochene oder verrenkte Glieder im Leben, so zeigt sich dies auch bei dem Toten; mit einem Worte, wie der Leib beim Leben behandelt und was ihm zugefügt wurde, das zeigt sich alles oder doch größtenteils auch nach dem Tode noch eine Zeitlang.

Ebenso, dünkt mich, verhält es sich doch wohl auch mit der Seele, Kallikles. Sichtbar ist alles an der Seele, wenn sie vom Leibe entkleidet wird, sowohl ihre natürlichen Anlagen als auch die Veränderungen, welche der Mensch durch sein Bestreben um dies und jenes in der Seele bewirkt hat[56]. Kommen sie nun vor den Richter, und zwar die aus Asien vor Rhadamanthys, so stellt Rhadamanthys sie vor sich hin und beschaut eines jeden Seele, ohne zu wissen, wessen sie ist, sondern oft, wenn er den großen König anfaßt oder andere Könige oder Fürsten, sieht er nichts Gesundes an der Seele, sondern durchgepeitscht findet er sie und voller Schwielen von Meineid und Ungerechtigkeit, und wie eben jedem seine Handlungsweise sich in der Seele ausgeprägt hat, und findet alles krumm von Lügen und Prahlerei und nichts Gerades daran, denn sie ist nicht mit Wahrheit genährt. Vor aller Gewalttätigkeit und Schwelgerei, Überheblichkeit und Unmäßigkeit im Handeln zeigt sich auch die Seele über die Maßen mißgestaltet und häßlich. Das erblickend, schickt er sie mit Schimpf und Schande stracks in Gewahrsam, damit sie dort die ihr gebührenden Leiden erdulde.

81. Dies aber kommt jedem in Strafe Verfallenen zu, der von einem andern mit Recht bestraft wird, daß er entweder selbst besser wird und Vorteil davon hat – oder daß er den übrigen zum Beispiel dient, damit andere, welche ihn leiden sehen, was er leidet, sich aus Furcht bessern. Es sind aber die, welchen es selbst zum Vorteil gereicht, daß sie von Göttern und Menschen gestraft werden, diejenigen, welche sich durch heilbare Fehler vergangen haben. Dennoch aber erlangen sie diesen Vorteil nur durch Schmerz und Pein, denn eine andere Art gibt es nicht, von der Ungerechtigkeit frei zu werden. Die aber, welche den ärgsten Frevel begangen haben und durch solche Vergehungen unheilbar geworden sind, aus diesen werden abschreckende Beispiele aufgestellt, und es gereicht ihnen selbst nicht mehr zum Vorteil, weil sie eben unheilbar sind, anderen aber gereicht es zum Vorteil, welche sehen, wie diese um ihrer Vergehungen willen die ärgsten, schmerzhaftesten und furchtbarsten Übel auf ewige Zeit erdulden,

offenbar als abschreckende Beispiele aufgestellt dort in der Unterwelt, im Gefängnis, allen Frevlern, welche dort ankommen, zum Anblick und zur Warnung[57]. Von diesen, behaupte ich, wird auch Archelaos[58] einer sein, wenn Polos die Wahrheit sagt, und jeder, der sonst noch ein solcher Tyrann ist; wie ich denn auch glaube, daß meistens diese Beispiele aus den Tyrannen hervorgehen, aus den Königen, Machthabern und Staatsmännern. Denn diese begehen vermöge ihrer Macht die größten und ruchlosesten Frevel. Das bezeugt auch Homer, denn Könige und Fürsten hat er in seinen Gedichten angeführt, als mit immerwährenden Strafen in der Unterwelt belegt, den Tantalos, Sisyphos und Tityos[59]. Von Thersites aber und anderen gewöhnlichen und zugleich bösen Leuten hat niemand gedichtet, daß er als ein Unheilbarer mit schweren Strafen behaftet wäre. Denn er hatte, glaube ich, nicht Macht genug, deshalb ist er auch glücklicher als die, welche Macht dazu hatten. Nein, unter den Mächtigen, lieber Kallikles, finden sich die Menschen, welche ganz verworfen sind. Es hindert freilich nichts, daß auch unter diesen rechtschaffene Männer aufstehen können. Diese verdienen dann ganz besondere Bewunderung. Denn schwer ist es, Kallikles, und großes Lobes wert, bei großer Gewalt zum Unrechttun dennoch gerecht zu leben; und es gibt deren nur wenige. Gegeben aber hat es doch, hier sowohl als anderwärts, und wird auch, denke ich, noch künftig geben treffliche Männer, welche die Tugend besitzen, alles, was ihnen jemand anvertraut, gerecht zu verwalten. Einer aber ist sogar hochberühmt geworden, und zwar auch unter den Hellenen, Aristeides, der Sohn des Lysimachos. Die meisten aber der Machthaber, mein Bester, werden schlecht.

82. Wie ich schon sagte, wenn jener Rhadamanthys einen solchen ergreift, so weiß er nichts von ihm, nicht, wer er ist, nicht, von wem er stammt: er weiß nur, daß er schlecht ist, und dies sehend, entsendet er ihn in den Tartaros und kennzeichnet ihn, ob er ihn für heilbar oder unheilbar

hält. Der aber leidet dort angekommen das ihm Gebührende. Erblickt jener aber bisweilen eine andere Seele, die fromm und mit der Wahrheit gelebt hat, die Seele eines einfachen Mannes oder sonst jemandes, besonders aber, Kallikles, eines Philosophen, der seine Sache tat und nicht vielgeschäftig sein Leben betrieb, so ist er erfreut und sendet ihn auf die Inseln der Seligen. Das gleiche tut auch Aiakos. Beide richten mit dem Stab in der Hand. Minos aber, die Aufsicht führend, sitzt allein, mit einem goldnen Zepter, wie Odysseus bei Homer sagt, er habe ihn so gesehen

Haltend das goldene Zepter und richtend über die Toten.

Ich bin überzeugt, Kallikles, durch diese Erzählungen und trachte danach, meine Seele so gesund wie möglich dem Richter zu enthüllen. Fahren aber lasse ich die Ehren bei der Menge der Menschen. Die Wahrheit erforschend, versuche ich als der Beste, soviel an mir ist, zu leben und, wenn ich sterbe, zu sterben. Ich rufe auf auch alle andern Menschen, so stark ich es vermag, wie ich auch dich heranrufe zu diesem Leben und zu diesem Gerichtstag, von dem ich verkünde, daß er allen irdischen Gerichtstagen die Waage hält. Und ich sage dir zum Schimpf: du wirst nicht imstande sein, dir selber zu helfen, wenn die Buße dich trifft und das Urteil, das jetzt ich aussprach. Wenn du vor den Richter trittst, den Sohn der Aigina, und dieser dich greifen läßt, wirst du dort den Mund aufsperren und dir wird schwindeln nicht weniger als mir in diesem Leben — und vielleicht wird einer dir schmählich einen Backenstreich versetzen und dich in jeder Weise beschimpfen[60].

83. Vielleicht hältst du das für einen Mythos, ein Märchen, wie es alte Weiber erzählen, und verachtest es. Auch wäre diese Verachtung gar nicht wunderlich — wenn wir nur in unserer Untersuchung etwas Besseres und Wahreres als dies finden könnten. Nun aber siehst du, daß ihr zu dreien, du, Polos und Gorgias, die ihr von allen Hellenen heute

die Weisesten seid, nicht beweisen könnt, daß man ein andres Leben führen muß als dies, das auch dort drüben offenbar nützlich ist. Sondern von so vielen Gedanken, die sonst alle widerlegt wurden, blieb einzig dieser Gedanke unbewegt stehen: mehr muß man sich vor dem Unrechttun hüten als vor dem Unrechtleiden, und daß ein Mann vor allem danach streben muß, nicht gut zu scheinen, sondern zu sein, im Hause wie im Volke. Wird aber jemand irgendwie schlecht, so muß er gestraft werden, und dies ist das zweite Gut nach dem Gerechtsein: das Gerechtwerden und mit Strafe Buße leisten. Alle Schmeichelei, gegen sich selbst oder andere, gegen wenige oder gegen viele, muß man fliehen. Und die Redekunst und jede andere Tätigkeit darf man nur so, immer für das Gerechte gebrauchen. — Glaube mir also und folge mir dahin, wo angelangt du glücklich sein wirst, im Leben und nach dem Tode, wie deine eigenen Worte bezeugen[61]. Und laß einen dich verachten als töricht und beschimpfen, wenn er mag, und laß dir, beim Zeus, getrost jenen schimpflichen Backenstreich geben. Wird dir doch nichts Schlimmes begegnen, wenn du in Wahrheit edel und gut bist, indem du Tugend übst. Dann erst, wenn wir sie gemeinsam geübt haben, erst dann werden wir uns, wenn es nötig scheint, in der Politik betätigen, oder worin es sonst gut dünkt, werden wir Rat erteilen, wenn wir erst besser zur Beratung geschickt sind als jetzt. Ist es doch schimpflich, in dem Zustande, in dem wir uns jetzt offenbar befinden, noch großzutun, als wären wir etwas, da doch niemals unsere Meinungen über dieselben Dinge gleichbleiben, die doch die größten sind — so weit kamen wir ab von der Bildung. Als Führer laß uns also diesen Satz gebrauchen, der uns anzeigt: Dies ist die beste Lebensweise, in Übung der Gerechtigkeit und jeder andern Tugend zu leben und zu sterben. Dem wollen wir folgen und die andern dazu ermahnen — nicht jenem, zu dem du mich ermahnst, weil du ihm vertraust. Denn der ist nichts wert, Kallikles.

ANMERKUNGEN ZUR EINLEITUNG

1. Symposion, Agathons Rede 193 E — 198 A. Alle Gäste, ein Aristophanes, ein Phaidros jubeln Agathon zu, er scheint ihnen den Sinn des Festes erfüllt zu haben. Manche moderne Kritiker hören in dem, was die Griechen der höchsten Zeit entzückte, nur lächerliches Wortgeklingel. Sokrates freilich muß aus seiner neuen Philosophie des Eros Bedenken erheben. Die Schönheit der Rede erkennt auch er, mit leiser Einschränkung, an. Vgl. dazu meine Einleitung zur Gastmahl-Übersetzung (1. Aufl. 1912 in Meiners Philos. Bibl., auch Reclams UB Nr. 927/27a). In der politischen Gesinnung ist Gorgias mit Platon verwandt: nationale Zusammenfassung gegen Persien. Doch konnte er als Ausländer in Athen nicht wirken, wie sein Schüler Isokrates in gleicher Politik. Gorgias wirkte zuletzt bei Jason, dem mächtigen Tyrannen von Pherae. Er soll von 483—375 gelebt haben, wäre also vierundneunzig Jahre gewesen, als Platon ihm seinen Dialog widmete. Der politischen Gesinnung und des Charakters, nicht des Alters wegen behandelt Platon ihn mit Achtung.
2. Um diese Diskussion zu verstehen, muß man sehen, daß der Begriff Kunst, Techne, Ars, sich seit dem 18. Jahrhundert völlig verschoben hat. Kunst gilt nun als schöpferisches Gestalten, Technik als Können auf Grund eines erlernten Wissens. Also Poiesis und Techne. Die Werke der Kunst heißen künstlerisch, die der Technik künstlich. Die griechische Unterscheidung wird deutlicher, wenn wir auf den heute noch traditionellen Sprachgebrauch blicken. „Ärztliche Kunst" ist medizinische Wissenschaft in bezug auf die Gesetze der ärztlichen Behandlung. Ein „Kunstfehler" ist nicht ein Ungeschick in der manuellen Routine oder in der Anwendung mechanischer Hilfsmittel, die man „Technik" nennt, sondern ein Verstoß gegen die gelehrte wissenschaftliche Regel. Ärztliche Kunst ist Wissen, nicht individuelles Talent des Arztes, das das Gesetz von niemand fordern kann. Ebenso haben die „Kunstbauten" nichts mit künstlerischer Architektur zu tun, sondern mit Anwendung technischer Wissenschaft.
3. Was wir mit zweifelhaftem Recht heute (formale) „Logik" nennen, bringt erst Aristoteles auf Grund von Platons späteren Untersuchungen hervor. Aber er nennt es zweifellos treffend Analytik, wie auch noch Kant, der meint, in dieser habe man

seit Aristoteles keinen wesentlichen Fortschritt gemacht. 'Εν λογοις heißt auch im „Phaidon" noch: in Gedanken, nicht in Begriffen.

4. Eine grundlegende Stelle für die Platonische Dialektik. Logisch im einzelnen spricht auch Gorgias, doch auf die formale „Logik", die Analytik des Aristoteles stützt sich auch Platon nicht. Modern-oberflächlich würde man sagen, Platon gründet auf „psychologischen" Begriffen. Vielleicht wäre richtig: Platon schafft hier die phänomenologische Methode: er geht aus von der unmittelbaren Wesensbetrachtung des Denkens, vom seelischen Vollzuge. (Davon weiß Husserl mehr als Aristoteles und ist sich dessen klarer bewußt als Kant.)
5. Die Hörerschaft 455 C, 458 C. Gorgias wirbt um Schüler (die ihm ein hohes Lehrgeld zahlen würden). Man wollte daraus schließen, daß das Gespräch nicht im Hause des Kallikles, sondern in einer öffentlichen Halle stattfindet. Das widerspräche dem Vorspiel, in dem Kallikles eindeutig in sein Haus einlädt (447 B). Man vergleiche den „Protagoras", wo mehrere Sophisten auf dem Hofe des Kallias zugleich Vorträge halten. In einem mäßig großen Zimmer können leicht dreißig Hörer untergebracht werden. Ihre Zahl ist jetzt nicht groß, denn Sokrates überschaut sie mühelos und schätzt sie auf ihre Absichten ab.
6. Empeiria ist hier nicht Gegensatz zum Apriori, sondern ist bloße Geübtheit, Fertigkeit, Routine ohne klare Einsicht in die Gründe, ohne erkennende Methode, episteme, ohne Wissenschaft.
7. Später, schon im „Menon", nähert sich Platon, ohne den Dualismus ganz aufzuheben, doch sehr nahe der substantiellen Leib-Seele-Einheit: der Entelechie und Monade. Der organische Leib wird zum Werkzeug der Seele, Leib und Seele existieren nicht parallel.
8. Vgl. W. Jaeger. Ztschr. f. philos. Forschung. Oktober 1959.
9. Platon benutzt hier das Phänomen der mathematischen Proportion: die vier Künste verhalten sich untereinander wie die analogen vier Schmeichelwerke. Diese Proportionen dienen der begrifflichen Klärung.
10. Mit Erstaunen finde ich, daß die Höchstbewertung des Schönen — und hier deutlich als schöne Lebensführung — kaum bemerkt zu sein scheint. Man läßt das Schöne so mitgehen und, wenn man dann doch merkt, daß etwas nicht stimmt, so übersetzt man das Kalon einfach mit gut. Weiß man doch von Kant her, daß gut und schön kategorisch getrennt sind. Wogegen man meist nicht weiß, daß nach Kant die reine theoretische Vernunft der naturwissenschaftlichen Erkenntnis dient, die reine praktische Vernunft (= Moralgesetz) keinen theoreti-

schen Gehalt haben kann, eigentlich nur ein Postulat bleibt, und daß das Schöne ursprünglich kein Prinzip der Vernunft im Kritizismus war, sondern ihm erst in der Kritik der Urteilskraft mit äußerster Mühe angepaßt wird. (Vgl. meine Arbeit: „Kant und Leibniz". Meisenheim, Glan. 1955.)

11. Kant verachtet den Eudaimonismus, weil er ihn dem Hedonismus (Kallikles) gleichsetzt. Für Platon ist der Eudaimonismus im inneren Einklang von gut und schön das unbestreitbare Axiom. (Symposion. 205 A.)

12. Vgl. Anm. zum Text Nr. 17. Die Geschichte hat die Bedeutungslosigkeit dieses „ganzen Kerls", richtiger „Angebers", eben dadurch bewiesen, daß sie trotz seiner ungestümen Machtbegierde seinen Namen nicht überliefert hat. Auch in der Politik war er unbegabt.

13. „Physis und Nomos" — ein ewiges Problem, dessen Fassung wahrscheinlich auf Parmenides zurückgeht. (Vgl. K. Reinhardt, „Parmenides".) Selbstverständlich muß man zuerst den modernen Naturbegriff, die Gesetze der Notwendigkeit ausschalten: Physis ist die schöpferische Werdewelt, der leibhafte Kosmos wie im „Timaios". Dem steht nah das „Naturrecht" der Aufklärung (Hugo Grotius), denn damals bedeutete Vernunftrecht und Naturrecht das gleiche. Nomos ist die menschliche Satzung, das „positive Recht". Physis und nomos auszugleichen gelang schon Heraklit, dem Folger und Vollender von Parmenides. „Nähren sich doch alle die menschlichen Gesetze aus dem einen göttlichen." (Fr. 114.) Und daraus folgt: „Kämpfen soll das Volk um das Gesetz wie um die Stadtmauer." (Fr. 44.) Sobald aber der selbstsüchtige Machtkampf gilt, herrscht die individuelle Willkür und vergißt das göttliche Gesetz: dann wertet sie die schöpferische Physis als bloßen Stoff (Tyrannen). Dem folgt eine materialistische Aufklärung, die eben in der Physis nur Stoff, Atome sieht und alles Seelisch-Geistige nur als zufällige Nebenerscheinung (Demokrit). Nur materielle Vorgänge sind dann Physis und Nomos in einem, und aller Geist nur noch willkürlich-ideologischer Überbau (Marx). Kallikles sieht die Lüste wesentlich materialistisch, gottlos, als Nihilist. Das Recht sieht er darum nur als willkürliche Ideologie.

14. Man dürfe ein Gespräch, sowenig wie ein Märchen, nicht ohne Kopf herumlaufen lassen. Also nicht der Schwanz fehlt noch, sondern der wesentliche Teil der Gestalt. Das Zwiegespräch ist nicht eine dialektische Kette von Schlüssen und Sätzen, sondern eine lebendige Gestalt, die, im Gespräch gezeugt, nun weiter durch die Welt wandelt. Das ist die bildhafte Fortsetzung des oben über die Gestalt, eidos, Gesagten, die die schaffenden Künstler vor sich sehen. Wir meinen ähnliches,

wenn wir von einem Gedankengang, logos, verlangen, daß er „Hand und Fuß" habe. Platons Denkweise ist „organisch".

15. Also aus der Sophrosyne ergeben sich weltlich zwei weitere Tugenden: Gerechtigkeit und Tapferkeit — und religiös die Frömmigkeit. Hier fehlt die sophia, die Weisheit, die in der Politeia die vierte weltliche Tugend, die höchste ist. Die Scholastik kennt diese vier weltlichen Kardinaltugenden neben den drei Paulinischen himmlischen. Aber die Philosophie im „Gorgias" ist schon eigentlich als höchste Tugend, höchste Frucht der Sophrosyne gegeben. Platon, der angebliche Weltverächter, hält in der Politeia die Nennung der Frömmigkeit für unnötig, da sie in den vier weltlichen Tugenden schon enthalten sei.
16. Vgl. Anm. 44.
17. So Charmides, für den alle Knaben schwärmen: das Scherzhafte in erotischer Sphäre. Sokrates fragt, ob man nicht auch seine Seele entkleiden könne — in der dialektischen Prüfung. In der Politeia sollen selbst die Frauen nackt turnen. Sokrates und Alkibiades turnen nackt zusammen (Gastmahl).
18. Die Erfassung von Natur, Geschichte, Religion auf mythischer Ebene bleibt vielen Menschen fremd und wird von rationaler Wissenschaft keineswegs erfordert, aber die Gipfel der hohen Dichtung werden ohne sie kaum jemals verständlich. Platon hat sich im VII. Brief über die Grenzen rationaler Erkenntnis in einer berühmten Stelle (damals vielleicht zu unbedingt) ausgesprochen (342 C). Ich habe in der Einleitung zum Gastmahl, angeregt durch Wagner und Nietzsche, als Grundlage den Mythos dargestellt, der aus der geschichtlichen Erinnerung an Sokrates erwächst. Zwei Gestalten, Sokrates und Platon, verwachsen später zu *einem* Mythos. Das Verhältnis von Logos und Mythos ist am dynamischsten im „Phaidros" zum Austrag gekommen. (Vgl. in meinem Buch „Platon", Berlin 1933 und 1959, und ergänzend die Einleitung zur „Phaidros"-Übertragung, Verlag Engelke, Kiel, gekürzt und pointiert in Reclams UB Nr. 5789.)
19. Vgl. Anm. zum Text Nr. 17.
20. Robert Böhme „Von Sokrates zur Ideenlehre". Bern 1959. Der „Protagoras", mag er kurz vor oder nach dem Tode des Sokrates geschrieben sein, ist der frohe Ausdruck eigner Erweckung (Hippokrates) und des Erweckens: er ist der zuversichtliche Beginn des eigenen Lehrens. Dem entspricht jene stolze Verkündung in der Apologie. Mit diesem Monument des geschichtlichen Sokrates verbindet sich „Kriton", Platons Versprechen, keinen ungesetzlichen Umsturz der attischen Verfassung zu versuchen. (Vgl. meine Ausgabe der Apologie u. d. Kriton in der UB Nr. 895.) Dann die Heiterkeit des siegbe-

wußten Platon schon in „Jon“ und „Hippias“, der Erfolg bei der Jugend in „Charmides“ und „Lysis“. Woher nun dieser Einbruch im „Gorgias“?
Abwegig ist es, aus der künstlerischen Vollendung des „Protagoras“ auf eine späte Entstehung zu schließen. Nietzsche hat recht: wir kennen keine Jugendwerke Platons. Er war beim „Protagoras“ etwa dreißigjährig. Nietzsche selbst hat sein vielleicht schönstes Werk „Die Geburt der Tragödie“ im 25. bis 27. Lebensjahr geschrieben, Goethe begann seine großen Werke mit dreiundzwanzig Jahren. Die Berichte, daß Platon vor seiner Bekanntschaft mit Sokrates Tragödien dichtete, sind sehr glaubhaft. Als er nun mit dem „Protagoras“ vielleicht seine öffentliche Wirksamkeit begann, hat er seine dichterische Fähigkeit benutzt, das philosophische Gespräch mit den Wirkungen der Komödie zu gestalten. Daran konnte ihm weniger liegen, als er endlich 389 in der Empörung über den Korinthischen Krieg, in politischer Erbitterung die erste Fassung des „Gorgias“ verwandte.

21. Isokrates hatte eine ähnliche nationale Gesinnung wie Platon: Frieden in Hellas, Einigkeit gegen Persien, aber ihm fehlte Platons Blick für die Wirklichkeit, für die Dauer. Als Konon in Athen gefeiert wurde, stimmte er in den Jubel ein, ohne an das notwendige Maß zu denken. Isokrates, für den Platon Wertschätzung hat („Phaidros“, Schluß), ist Gorgias-Schüler. Philosophie gehört zur schönen Bildung, soll aber nicht weitergeführt werden. So könnte bei der Gorgias-Gestalt auch an ihn gedacht werden: die Gesinnung, aus der mangels echter Philosophie ein Kallikles sich entwickeln kann.
22. Die von Perikles eingeführte Besoldung der Volksversammlung und des Theaterbesuchs waren jetzt eben, mit persischen Subsidien, unter Konons Politik durch einen üblen Demagogen wieder eingeführt.
23. „Platon“ I 234 f. Es kann sich wohl nur auf diese Anwendung der Verse aus dem Faust beziehen, wenn der Wilamowitz-Verehrer Friedländer sich gegen die Einbeziehung von Faustversen wendet.
24. Über die Beaufsichtigung der vornehmen Knaben und Jünglinge vgl. „Lysis“ (223 B) und „Charmides“ (155).
25. Vgl. Wilhelm Andreae „Platons Staatsschriften“, griechisch und deutsch. Briefe. Jena 1923. Einleitung XIV—XIX.
Dion ist einer der Helden Plutarchs, als Feldherr und Staatsmann wie ein Vorläufer Alexanders geschildert.
Die Herrschaft des Pythagoreer-Ordens war im 5. Jahrhundert in Kroton vernichtet. Archytas, der Pythagoreer, war der große Freund Platons, der ihn vermutlich als Timaios dargestellt hat. Er gewann in Tarent (nach Wilamowitz) eine

ähnliche Stellung wie einst Perikles in Athen. Platon hat ein Bündnis zwischen ihm und Dionys II. gestiftet.

26. Vgl. Hildebrandt „Platon“ S. 149 f., zur Ergänzung über „Apologie“, „Kriton“, „Menexenos“ auch die Einleitungen zu meinen Übertragungen bei Meiner (Leipzig, jetzt Hamburg), „Platons vaterländische Reden“, 1936. Dieser heilige Versöhnungsakt, der Beginn der II. Schriftenperiode, ist zum Verständnis von Platons Schicksal ein Schlüsselereignis, ein Gipfel. Es ist mir wahrhaft schmerzlich, daß Friedländer das Mißverständnis aus der ersten Auflage seines „Platon“ II in die zweite Auflage II, S. 209, übernommen hat. Diese tiefgreifende Erklärung Platons „mag Aspasia glauben, oder wer sonst will“.

27. So wurde es in Fichtes und Schleiermachers Gefolge üblich, Philosophie mit Wissenschaft, Weise durch Gelehrte zu übersetzen. Die „Methode“, die durch Galilei in der Naturwissenschaft so grenzenlose Erfolge einleitete, wurde durch Descartes mit bedenklicher Wirkung in der Metaphysik führend.

28. Zitiert nach Friedrich Wagner „Albert Schweitzer und das Atomproblem“ im Albert-Schweitzer-Heft der „Universitas“, Januar 1960. Es erinnert an die Kosmos-Stelle im „Gorgias“, auch an Universum und Monade bei Leibniz, wenn Wagner schreibt: „Die Konkordanz von Mensch und All, von Seele und Welt ist zerbrochen.“ (S. 55.) Schweitzer erschüttert die Leser durch Erinnerung an das Entsetzen über die biologischen Mißgeburten, die durch Strahlenschäden erzeugt werden. Die Wissenschaft will die „erlaubte Strahlungsmenge“ feststellen. „Wer hat es denn erlaubt? Wer ist denn befugt, es zu erlauben?“ Kein Spezialist, kein Physiker kann das entscheidende Urteil fällen. — Und wie schwer ist es heute, noch zwischen militärischer Sicherung des Volkes und Gefahr durch Strahlen- und Bombenschäden zu entscheiden. Es gab schon vor dem zweiten Weltkriege Gelehrte, die vor diesem Wege der Wissenschaft warnten, so der Atomchemiker Lothar Wolf. Max Born wünschte jetzt gegen die Mondraketen den Sieg der Vernunft über den Verstand. Der „Gorgias“ und „Menexenos“ geben zusammen die Antwort, daß nur in Gerechtigkeit und Versöhnung, bei Wahrung der nationalen Würde und Stärke die Rettung möglich ist.

Was der „Gorgias“ für den Geist des Abendlandes bedeutet hat, ist gar nicht abzusehen. Der „letzte Römer“, vielleicht getaufter Christ, übergab mit seinem „de consolatione philosophiae“ das beste Erbe des griechisch-römischen Geistes dem europäischen Mittelalter. (Vgl. Boethius, „Trost der Philosophie“, Übersetzung und Einleitung von Ernst Neitzke, Reclams UB Nr. 3154/55.) Boethius, 480—524 (der vom zehnten bis achtundzwanzigsten Lebensjahr in Athen, nicht sehr lange vor Auflösung der Platonischen Akademie studiert haben soll), ist mehr echter Platoniker als Neuplatoniker. An Adel, politischer Bedeutung, Reichtum würde er der Platonischen Existenz nahestehen, aber durch den Justizmord und die Philosophie im Kerker wird er Sokrates und dem „Phaidon" nahegerückt. In Aristoteles suchte er vor allem den Platoniker. Er gilt ihm als der Logiker, Platon als der „Theologe". Sein Plan, Platons Werke zu übersetzen und zu kommentieren, ist wohl nur durch den frühen Tod verhindert. Die große kosmische Sicht seiner im Mittelalter fast wie die biblischen Werke in Europa verbreiteten Schrift beruht auf dem „Timaios" (ein großer Vorzug gegenüber der modernen Deutung), aber der ethisch-philosophische Anstoß stammt, ohne daß er ausdrücklich gesagt, aus dem „Gorgias". (Der Aristotelische Landmann!) Die Übersetzung von Eberhard Gothein erschien postum Berlin 1932 als Parallelausgabe mit wertvollem Nachwort seiner Witwe Marie Luise, darin auch manche Zitate von Gothein selbst, die für unsere Frage entscheidend sind. „Es ist eine fast unvermischt platonische Ethik, wie sie im ‚Gorgias' entwickelt wird, die in diesem Buch vorgetragen wird, mit einigen feinen christlichen Retouchen und an Feinheit und Lebendigkeit des Dialogs auch echt platonisch. Dieser siegesgewisse Idealismus, der den eigenen Tod und den Untergang der ganzen Kultur vor Augen (!) sich so zuverlässig tröstet, daß allein das Gute Macht besitze und das Schlechte die Strafe in sich trage, hat etwas Grandioses" (S. 209). Die Verfasserin des Nachwortes sagt: „Nur einmal noch hatte eine ähnlich erschütternde Stunde für die Weltliteratur geschlagen, als der große Lehrer des Boethius, Plato, es unternahm, im ‚Phaidon' im Tod des Sokrates seinen Sieg zu schildern" (211). — Ohne Boethius hätte Dantes Gedicht nicht diese Gestalt angenommen. Im Convivio ist er oft genannt, und ohne diese „donna gentilissima Filosophia" wäre schwerlich Beatrice in den Mythos der theologischen Philosophie verwandelt (Convivio II. 15). In Paradiso X (124—129) tanzt Boethius den Reigen mit Thomas von Aquino, Albertus magnus — zusammen zwölf große Weise. Nur aus dieser consolatio erklärt sich, daß Dante sich auf Aristoteles beruft und doch Platoniker ist. — Den großen Zusammenhang hat jetzt Wolfram v. d. Steinen in seiner grundlegenden Darstellung: „Der Kosmos des Mittelalters" (Bern 1959; S. 133 bis 138) gegeben. Alfred I. von England, der mit Recht im Jahrhundert nach Karl den Beinamen der Große trägt, hat die Consolatio übersetzt, in Versen! Steinen zeigt die Linie, „die mit Karl dem Großen begann und in Goethe ihre letzte Höhe erreichte". — Boethius sah in der Katastrophe seiner Zeit das Asketische, das Stoische im „Gorgias". Die Ergänzung und Versöhnung im „Menexenos", Gründung und Idee der neuen Politeia, des panhellenischen Reiches blieb außerhalb seines Schicksals und Wissens.

ANMERKUNGEN ZUM TEXT

1. Der Untertitel stammt von den antiken Philologen. Das ανατρεπτικος ist eine der Gruppenbezeichnungen, deren Wert bei den meisten Dialogen gering ist, und vielleicht „erweckend" bedeuten soll. Hier aber trifft es in seiner prägnanten Bedeutung zu: umstürzend. So erkennt es Kallikles, daß Sokrates die damals übliche Moral auf den Kopf stellt (481 C).
2. Kallikles: Der Hausherr. Er ergreift den Beruf des Staatsmannes. — Chairephon: Jünger des Sokrates, der das Orakel von Delphi wegen der Weisheit des Sokrates befragt hat (Apol. 20 E).
3. Hier betreten sie das Haus des Kallikles. — Gorgias gilt nächst Protagoras als größter Sophist. Sein bedeutendes Werk ist περι του μη οντος η περι φυσεως (Über das Nichtseiende oder über die Natur, also eine skeptische, ja agnostische Erkenntniskritik). Er will aber als Lehrer nur die Rhetorik, nicht Sophistik vertreten. Sein radikaler Skeptizismus ist nicht nihilistisch, sondern unbefangen bejahend, etwa wie der Montaignes. Bei seinem Besuch in Athen, 427, war er ungefähr 53 Jahre, als der „Gorgias" veröffentlicht wurde, etwa 90 Jahre. Er lebte hochgeehrt in Thessalien.
4. Bruder des Aglaophon ist der große Maler Polygnotos.
5. Diese Worte sind (nach Aristot. Metaph. I, 1) in einer Schrift des Polos enthalten.
6. Z. B. Il. XIV, 113.
7. Zeuxis, berühmter Maler, Zeitgenosse des Sokrates, in Unteritalien, zeitweise auch in Athen. Malte besonders Gestalten der Mythologie, steigerte die „naturalistische" Illusion.
8. Die alte Stadtmauer Athens wurde vor der Seeschlacht von Salamis zerstört, nach dem Siege von Themistokles trotz des Widerstandes der Peloponnesier im weiteren Kreise wieder aufgebaut. Kimon und Perikles bauten die langen Mauern zum Peiraieus.
9. Gorgias mißversteht die Verwunderung des Sokrates als Bewunderung und Anerkennung.
10. Diese kurze Rede ist gerade als rednerische Leistung schlecht, was im Text noch deutlicher ist. Polos sprudelt in der Erregung alles heraus, führt die Sätze nicht zu Ende und drückt seine Gedanken sehr unklar aus.

11. Schmeichelei, κολακεια, ist also auf das Angenehme in Kants Sinne gerichtet, nicht auf das Nützliche, Gute, wahrhaft Schöne.
12. Polos heißt das „Füllen".
13. Anaxagoras, um 500 in Kleinasien (Klazomenai) geboren, wurde in Athen Freund des Perikles und hat nach Platon auf dessen hohen Gedankenflug eingewirkt. Die Gegner des Perikles verklagten ihn wegen Gottlosigkeit, da er die Sonne einen glühenden Stein genannt habe. Er mußte flüchten und hielt sich hochgeehrt in Lampsakus auf. Anaxagoras ist der große Dualist. Er nimmt wie die Atomisten ein stoffliches Chaos an, aber er läßt nicht die Welt in mechanischer Gesetzmäßigkeit aus den Atomen entstehen, sondern nimmt als zweites Prinzip den Geist, den Nus an, der die „Homoiomerien", die Samen der Stoffe, Gewebe, Lebewesen zum Kosmos ordnend durchdringt.
14. Die Wiederholung des o, ω λωστε Πωλε, entspricht der Gorgianischen Redeweise des schmückenden Gleichklangs (im Symposion Agathons Rede).
15. Archelaos, König von Makedonien, regierte 413—399. Er war der natürliche Sohn seines Vorgängers Perdikkas II. und einer Sklavin. Nach seinem verbrecherischen Aufstieg erwies er sich als tüchtiger Herrscher, als aufgeklärter Despot. Er bemühte sich sehr um die griechische Zivilisation, zog Künstler und Dichter an seinen Hof. Er soll auch Sokrates eingeladen haben, der natürlich ablehnte. Platon sieht darin offenbar keinen Grund, ihn günstiger zu beurteilen. Archelaos wurde 399 ermordet.
    Es ist nicht undenkbar, daß Platon viel später am Schluß des Staates (615 C—616 A) bei der Gestalt des Ardiaios mit an Archelaos gedacht habe, aber Gründe hatte, jetzt nicht vom Makedonier zu reden. Ardiaios ist geschichtlich nicht bekannt. Er wird in der Hölle, aus der es für ihn kaum einen Aufstieg geben kann, gemartert, von glühenden roten Männern — ganz entsprechend der Phantasie Dantes.
16. Der persische Großkönig galt den Griechen als Vorbild des glücklichen Menschen.
17. Nikias, Führer der aristokratischen Partei Athens, Feldherr im Peloponnesischen Krieg, 415 Feldherr wider Willen in der verhängnisvollen sizilischen Expedition, deren Katastrophe 413 durch seine Bedenklichkeit, seinen Aberglauben furchtbar verschlimmert wurde; danach hingerichtet. Er hatte mit seinen Brüdern Weihgeschenke für den heiligen Hain des Dionysos gestiftet. Thukydides sagt von ihm (VII, 86): „Dieser Mann, der wegen seiner gesamten nach den Grundsätzen der Tugend bemessenen Bestrebungen von allen Griechen meiner Zeit am wenigsten verdient hätte, in dies Übermaß des Unglücks zu geraten, starb auf solche Weise."

Warum nennt ihn Platon als Zeugen für Polos? Vermutlich weil Nikias, der fromme, dies Übermaß des Unglücks am wenigsten als gerechte Strafe hinnehmen konnte. Fromme Weihgeschenke helfen nicht, wo es auf Sachkenntnis, techne, ankommt.

Aristokrates, von vornehmer Abkunft, zur oligarchischen Partei gehöriger Staatsmann. Wirkt mit Alkibiades zusammen, der aber 407 wieder entsetzt wird. Als schon die Katastrophe Athens droht, gewährt 406 noch einmal der Seesieg bei den Arginusen vorübergehend Hoffnung. Aber durch Parteiintrigen werden die zehn siegreichen Feldherrn verurteilt und, soweit greifbar, hingerichtet. Zu ihnen gehört dieser Aristokrates. Die Arginusen bleiben das furchtbare Mahnbild der Parteien-Politik und -Zerrissenheit. Auch Perikles hat den Undank der Athener schwer erfahren müssen. Auch ist sein Sohn einer der hingerichteten Feldherrn.

Es ist kaum zu verstehen, warum Platon gerade diese Namen als Zeugen für Polos wählt. Blickt man auf den Schluß des Dialoges, den Zorn auf Athen, dann wird sichtbar, daß Platon hier die Beispiele wählt, die an die furchtbaren Jahre der Katastrophe erinnern. Jene Genannten haben Unrecht erlitten, aber sie hatten auch nicht den rechten Weg gefunden, der Gerechtigkeit in der Politik zum Siege zu verhelfen. Sie konnten es nicht, weil sie nicht auf Sokrates hörten, also unphilosophisch waren.

18. Aristoteles sagt (Rhet. III. 18, 7), Gorgias habe geraten, den Ernst der Gegner durch Spott unwirksam zu machen, und was diese spottend sagten, durch Ernst zu entkräften.

19. Das könnte leicht etwas scherzhaft klingen, hat aber den gleichen tragischen Hintergrund wie jene Namen-Nennung vorher (vgl. Anm. 17): den Feldherrnprozeß gegen die Sieger der Arginusenschlacht. Das verstanden alle Athener. Wir müssen diese wichtige Stelle aus der Apologie, St. I 32, verstehen — so wichtig, daß wir sie hier wiederholen. Dort behauptet er, daß bei den Parteikämpfen in Athen (wo täglich Recht in Unrecht verkehrt wird), der gerechte Mann nur als Privatmann bestehen kann. „Es ist ja doch nicht möglich, daß irgendein Mann am Leben bleibe, der sich euch oder irgendeiner andern Volksmenge ehrlich widersetzt, um vielerlei Unrecht und Gesetzwidrigkeiten in der Stadt zu verhindern. Sondern notwendig muß einer, der ernsthaft für das Recht kämpft, wenn er auch nur kurze Zeit erhalten bleiben will, als Privatmann leben und nicht an die Öffentlichkeit treten.“ Als Beweis dafür erinnert er eben an sein Verhalten beim Feldherrnprozeß, allerdings nicht an sein komisches Versehen, sondern an seinen Todesmut. „Es hatte gerade meine Phyle, die antiochische, die

Leitung, als ihr die zehn Feldherrn, die nach der Seeschlacht die Schiffbrüchigen nicht aufgesammelt (infolge des Sturmes), gemeinsam aburteilen wolltet, gegen das Gesetz, wie ihr alle in der späteren Zeit zugegeben habt. Damals war ich der einzige der Prytanen, der sich eurem gesetzwidrigen Beschluß widersetzte und der seine Stimme dagegen erhob. Und als die Wortführer schon bereit waren, mich verhaften und abführen zu lassen, wie ihr es mit Geschrei fordertet, da glaubte ich lieber im Bunde mit Gesetz und Recht mich der Gefahr aussetzen zu sollen, als bei den ungerechten Beschlüssen auf eure Seite zu treten aus Furcht vor Gefängnis und Tod." Welch passenderes, glänzenderes Beispiel hätte Platon für den „Gorgias" wählen können, und warum bemüht er hier dies ewige Beispiel mehr von der heiteren Seite, um darzutun, des Philosophen Sache sei nicht, Stimmen zu sammeln, sondern in der Dialektik allein nur den einen Partner und sich selbst in der logischen Untersuchung als Zeugen gelten zu lassen? Mir scheint das ein Argument dafür, die alte, heute bisweilen angefochtene Chronologie bestehen zu lassen: „Apologie" nach Sokrates' Tode — „Gorgias" erst kurz vor der Weltreise. Platon wollte nicht noch einmal erzählen, was jeder aus der „Apologie" kennen sollte. (Vgl. Einleitung Anm. 20.)

20. Schönheit ist hier also Oberbegriff auch für das Gute. Vgl. Einleitung S. 12 f. Diese Stelle ist terminologisch entscheidend. Nützlich (vorteilhaft, zuträglich) nie im Sinne des neuzeitlichen Utilitarismus, der sich nur auf die Mittel, auch die niedersten bezieht, sondern als wahre Sinnerfüllung, wesenhafte Eudaimonie. Aber: auch das Angenehme (Süße) ist ein Gut, wenn es nicht der höchsten Schönheit widerspricht.

21. Der Sinn der Strafe ist also für Platon allein die Besserung, die seelische Heilung, allerdings mit der Voraussetzung: die Sühne gehört zur schönen Ordnung. Die spätere Entwicklung der juristischen Straftheorie kommt mit diesem Begriff nicht aus, sie arbeitet mit der Abschreckungs- und Vergeltungstheorie. Sucht man aber nach einer gemeinsamen natürlichen Norm, so dürfte wohl die Platonische Erziehungsidee die richtige sein. Die Eltern bezwecken mit der Bestrafung der Kinder deren Besserung, nur wo es zu dieser nicht kommt, begnügen sie sich mit der individuellen Abschreckung. Aber indem die Menschen der Umgebung Strafen in sich miterleben, können sie Abschreckung und Besserung in sich vollziehen. Die Vergeltung kann ein Mittel, eine Interpretation innerhalb der Bestrafung sein. Die Sicherung von Staat und Gesellschaft wird zum Teil durch Besserung und Abschreckung vollzogen, kann aber auch unabhängig von der Gerechtigkeit aus reiner Zweckmäßigkeit vollzogen werden.

22. Mit gleichen Worten hatte Kallikles anfangs Sokrates an Gorgias gewiesen.
23. Dies ist die Anlage a priori, die in den denkenden Menschen gleich ist, die Grundlage der Platonischen Dialektik.
24. Aus ουτος wollte man schließen, Alkibiades sei anwesend. Wenn der Dialog nach dem Feldherrnprozeß spielt, lebt Alkibiades als Flüchtling im Persischen Reich. Sollte aber der Dialog 428 spielen, so würde Alkibiades, der schon im „Protagoras" (5 Jahre früher) so selbstbewußt das Schiedsrichteramt übernimmt, sich im „Gorgias" irgendwie bemerkbar machen. Ουτος weist auf den eben genannten Liebling. Wie gesagt, kann nach dieser nachdrücklichen Erwähnung nicht außerdem Kallikles für Alkibiades stehen. Dieser gehört zu Platon selbst, nicht zu Sokrates, deswegen sollte man nicht eine weitere historische Analogie suchen. Ein Anklang zwischen Platon selbst, Alkibiades und Kallikles ergibt sich aus dem Willen zum Herrschen, dem „Löwenjungen". Doch jenen beiden fehlt — wie fast allen Zeitgenossen — der Halt in echter Philosophie. Aber Alkibiades ist ein bedeutender Staatsmann, der das Volk leitet, Kallikles ein Schwächling, der ihm nachläuft. Sokrates bekennt, daß Alkibiades sein Liebling ist (noch lebt er). Wie sollte Platon ihn dem Kallikles gleichsetzen, der Sokrates verachtet, den Sokrates beinahe verflucht?
25. Polos hat sich, nach seinem anmaßenden Auftreten, sachlich der dialektischen Methode von Sokrates gefügt. Sokrates dagegen ist zuletzt in eine breitere Redeweise verfallen und hat auch einige vielleicht etwas scherzhafte Übersteigerungen angeschlossen. Er muß sich nun auch gefallen lassen, daß Kallikles ihm mit einer langen und energischen Rede entgegentritt.
26. Die Ode Pindars, zu der dies Fragment gehört, ist nicht erhalten.
27. Die Tragödie Antiope, der diese Verse des Euripides entstammen, ist ebenfalls nicht erhalten.
28. *Der* Dichter schlechthin ist Homer. Hier nach Ilias IX 440 f.
29. Kallikles hat an die Antiope des Euripides erinnert und beweist jetzt seine Bildung und seine rhetorische Gewandtheit, indem er eine Reihe von Zitaten aus der Antiope in seine improvisierte Rede einflicht. Er kennt also die Dichtung zum Teil auswendig.

    Antiope hatte dem Zeus die Zwillingsbrüder Amphion und Zethos geboren, die entgegengesetzten Charakters waren. Zethos ein rauher, tätiger Hirt und Jäger, Amphion, der musische, der Gesang und Saitenspiel pflegte. Antiope wurde nach dem Tode ihres Gatten, dem Herrscher Thebens, von ihrem Schwager Lykos und dessen Gattin Dirke gefangengehalten und mißhandelt. Ihre Söhne erschlugen Lykos und fesselten Dirke an die Hörner eines Stieres, der sie zu Tode schleifte. Die Zwillinge herrschten in Theben und bauten die untere befestigte Stadt. Zethos wirkte dabei durch Kraft, Amphion durch seinen Gesang. Sokrates nennt in der Apologie auch die Philosophie eine Musenkunst. So ist es nicht sinnlos, wenn Kallikles in den Brüdern Bilder der unmittelbar praktischen Wirkung und der philosophischen Begründung sieht.

30. Dies Zitat soll aus dem nicht erhaltenen Polyeides des Euripides stammen. Ähnlich schon bei Heraklit.
31. „Der weise Mann" ist vermutlich Philolaos, der Pythagoreer, der zu Lebzeiten des Sokrates aus Unteritalien nach Theben auswanderte und als Lehrer des Simmias und Kebes im „Phaidon" genannt wird.
    To soma sema, der Leib ein Grab, gilt als orphischer Spruch. πιθος, Faß, im Wortspiel mit πιθανον und πειστικον.
32. Die Strafe der Danaiden.
33. Dies Gleichnis ist wahrscheinlich von Sokrates selbst erfunden.
34. Apelt konjiziert für χαλεπα hier καλυπτα, verborgen.
35. Der Regenpfeifer gilt als ein gefräßiger und schnell verdauender Vogel.
36. Platons Ideenlehre, insbesondere die Offenbarung der Idee des Schönen, die innig zusammenhängt mit der Idee des Guten, hat gefühlsmäßig, ja sakral nahe Verwandtschaft mit den Mysterien von Eleusis. Das wird besonders im Symposion nicht nur (wie auch im „Phaidros") unmittelbar, lebensmäßig sichtbar, sondern auch vergleichend, analogisch, mit klaren Worten ausgesprochen. Von daher ist auch diese Kritik an Kallikles ganz zu verstehen: Kallikles durchschaut den logischen Bau der sokratisch-platonischen Lehre nicht und vertauscht daher die Stufen des Aufstiegs. Seine Begriffe sind noch ganz ungeklärt, und doch glaubt er die wahre Erkenntnis des Wesens zu besitzen.
37. Schon im „Protagoras" ist der Gegensatz zwischen dem reinrhetorischen Agon des Rechtbehaltens vor der Menge und dem sokratisch-platonischen gemeinsamen Gespräch um wahrer Erkenntnis willen klassisch dargestellt. Auch hier wird ein Beispiel des gleichen Gegensatzes gestaltet. Kallikles tritt zuerst als radikaler Hedonist auf: nur die Lust ist das Gute schlechthin. Als Sokrates ihm mit größter Mühe das Zugeständnis abgerungen hat, daß die Lust gut und schlecht sein könne, erklärt er diese grundlegende Lehre für eine banale Selbstverständlichkeit.
38. Unserm Zeitalter, das Moral und Ästhetik kategorisch verschiedenen Fächern zuweist, ist Platons Kritik an der Dichtung anstößig. Doch steht fest, daß Platon den Zauber der

Dichtung Homers und der großen Tragiker mit vollem Verständnis und eigenem Talent genossen hat. Die Gesetze der Musik, die hier scheinbar geringgeschätzt wird, werden in der „Politeia" dem Staatswesen zugrunde gelegt. Jetzt aber ist es an der Zeit, die Dichtung einzuschränken, wenn sie nicht der Schönheit der Seele dient. In den Gesetzen fordert er, daß der Gesetzgeber im Staat selbst das schönste Feierspiel (Tragödie) schafft, das er nicht durch ethisch zweifelhafte Tragödien stören lassen darf. Das Bedenkliche am Theater ist, daß die Schauspieler sich auch in geringere Gestalten verwandeln. So hat auch Goethe in Wilhelm Meisters Wanderjahren („Pädagogische Provinz") die Schauspielkunst mit erstaunlicher Geringschätzung behandelt. — Nicht die großen Dichter, sondern den geringen Zeitgenossen Kinesias greift Platon an.

39. Epicharm, der berühmte Komödiendichter, etwa 540—450, in Kos geboren, unter Hierons Regierung in Syrakus.

40. Das entspricht der Weiterentwicklung des Platonischen Dialogs: Die eigentliche Diskussion würde zu schwerfällig, meist vergewissert sich Sokrates nur ab und zu des Verständnisses, der Zustimmung des Teilnehmers. Hier aber gelingt es Sokrates, den Gegner noch einmal in seine strenge Methode zu locken.

41. Vgl. oben Anm. 29. Offenbar hat Euripides ziemlich unparteiisch die Lebensform beider Brüder sich aussprechen lassen, so daß Kallikles sich auf Zethos, Sokrates auf Amphion, den Musischen, berufen kann.

42. ευ πραττειν heißt im Griechischen gewöhnlich „sich wohl befinden", kann aber auch den Sinn „gut handeln" haben. Platon aber nützt nicht sophistisch diesen Doppelsinn aus, sondern sucht — ohne bündigen Erfolg — in diesem ganzen Dialog den tiefen Zusammenhang zwischen Ethos und Glück: das spätere stoische Problem. Gutes und Schönes gehören innigst zusammen. Darum wird das ευ πραττειν der Gruß der Platonischen Akademie anstelle des χαιρε, das sich jetzt mehr auf das Verabschieden bezieht.

43. Obolos etwa dreizehn Pfennige, sechs Obolen = eine Drachme.

44. Die thessalischen Hexen, die den Mond auf die Erde ziehen konnten, mußten dafür ihre Augen oder ihre Kinder („lieb wie ein Augapfel") opfern.

45. Perikles hat den Sold (eine Obole) für die Teilnahme an der Volksversammlung, am Vollzug des Richteramtes eingeführt, ebenso die Geldverteilung an ärmere Bürger, damit diese am Theaterbesuch teilnehmen konnten. Diese Gesetze entsprachen wohl demokratischen Gefühlen, dienten aber gleichzeitig der Entartung der Demokratie. Es ist ein herrschendes Mißverständnis, Athen als klassische Demokratie Lakedämon entgegenzustellen. Der attische Seebund war kein demokratisches

Reich, sondern führte zur Ausbeutung und Entrechtung der sogenannten Bundesgenossen. Athen und Sparta sind gleichgewichtige Kräfte von Hellas, und der nationale Staatsmann mußte den Ausgleich anstreben.

46. Die Leute „mit den zerschlagenen Ohren“ bezieht sich auf die lakonisierende Partei, also die Gegner der Demokraten. Platon gehörte bekanntlich beim Zusammenbruch Athens zur oligarchischen Partei, den dreißig Tyrannen, hat sie aber nach ihren Ausschreitungen aufs entschiedenste verurteilt. (VII Br. 324 f.) Hier läßt er den Angriff des Kallikles unbeantwortet. In seiner nationalen Gesinnung hat er weiter gefragt, was vom Siegerstaat Sparta in der Staatsform zu lernen sei, und sich von der partikularistischen Gesinnung frei gehalten.

47. Als der Ausbruch des Peloponnesischen Krieges, die Katastrophe von Hellas, unmittelbar drohte, wurde Perikles, auf dem die Hoffnung von Athen beruhte, von den Parteien Athens aufs bitterste bekämpft: Die Konservativen waren gegen den Demokraten, die fortschrittlichen Demokraten, die beginnende kleinbürgerliche Entartung, bald durch Kleon geführt, gegen den überlegenen Großen. Sie waren einig, den freien Geist, den Freund des Anaxagoras zu bekämpfen. Es begann die Zeit der Verleumdungen und der religiösen Heuchelei aus Parteisucht. Pheidias, der erhabene Künstler und treue Freund Perikles’, wurde des Unterschleifs beschuldigt und starb wahrscheinlich im Kerker. Anaxagoras, der große Philosoph und Lehrer, entging durch Flucht der Hinrichtung. Dann wurde Aspasia verklagt. Perikles, der stolze Herrscher, mußte sich vor der Volksversammlung demütigen und mit Tränen um ihren Freispruch flehen. Diese abscheuliche Periode parteipolitischer Verleumdung dauert länger als drei Jahrzehnte, in der Zeit gesteigerten Machtkampfes, sei es nun im Dienst der Tyrannis oder Aristokratie oder Demokratie. Ihren mythischen Abschluß findet sie im Justizmord an Sokrates: er verachtete die selbst von Perikles befolgte Methode der Verteidigung, die den Richtern schmeichelte, und starb. Auf diesen Tod baut Platon sein Leben, seine Lehre, seine Politik auf. Diese politische Entartung bildet den dämonischen Hintergrund des „Gorgias“ auch in seiner letzten Fassung.

48. Dieser Ausdruck ημεϱοι, der zahmen Menschen, etwa im Sinne von kultiviert, findet sich in der Odyssee nicht. VI 120 f. findet sich als Gegensatz zu den Überheblichen, Wilden, υβϱισται ϰαι αγϱιοι, die Gerechten, Fremdenfreundlichen, Gottesfürchtigen. Die Zahmheit im Gegensatz zur rohen Hybris beruht also auf Gottesfurcht. Das entspricht in der Tat ganz besonders dem Jenseits-Gericht im Dialog.

49. Die Landschlacht bei Marathon blieb für Platon das leuch-

tende Ideal der hellenischen Politik, die Bewährung Athens als Retterin der Nation — weit mehr als der Seesieg von Salamis. Miltiades, der große Marathon-Sieger, scheiterte im folgenden Jahre bei der verunglückten Unternehmung gegen Paros. Durch sein willkürliches Verhalten hatte er sich den Haß der demokratischen Partei zugezogen. Als er verwundet und todkrank nach Athen zurückkehrte, wurde er auf den Tod verklagt und vor schimpflichster Hinrichtung nur durch die Geschicklichkeit des vorsitzenden Prytanen gerettet. Aber er wurde zu unerschwinglicher Geldbuße verurteilt und starb bald danach in entehrender Haft.

Kimon, sein Sohn und wahrhafter Erbe — Erbe auch der unbezahlbaren und darum entehrenden Schuldenlast —, war im Gegensatz zum Vater weise und maßvoll, aber wie er, wie auch Platon selbst, national, konservativ, spartanerfreundlich. Nach der Salamisschlacht durfte er in die Politik zurückkehren und eroberte Thrakien für Athen. Die Demokraten unter Perikles waren seine Gegner. Sie benutzten seine Abwesenheit beim Feldzug in Ägypten, dem ehrwürdigen Areopag seine politische Macht zu entziehen. Als Kimon zurückkehrte und den ungesetzlichen Beschluß anfocht, wurde er verbannt. Aischylos trat im Orestes für die Würde des Areopag ein, doch im versöhnlichen Sinn — für den Areopag als Blutgericht, nicht als politische Oberinstanz. 454, nach fünfjähriger Verbannung, versöhnte sich Perikles mit Kimon: er kehrte zurück und starb nicht lange danach im ruhmvollen Kampf gegen Persien. Die hohe nationale Zeit des Perserkrieges nähert sich ihrem Ende.

Themistokles vollendet durch den Sieg bei Salamis die durch Miltiades begonnene Rettung von Hellas. (Als Begründer der Flottenmacht, der großen Handelsstadt ist er Platon weit weniger genehm.) Zehn Jahre danach, 470, wird er im Parteienkampf durch den Ostrakismus verbannt. Danach wird er vermutlich grundlos des Hochverrats angeklagt, durch Griechenland gehetzt und flieht schließlich nach Persien, wo er angeblich an Krankheit stirbt.

50. Lange versparte scherzhafte Antwort auf 482 C.
51. Kallikles verachtet also die Sophisten, die die Schüler zur Weisheit erziehen wollen. Er beschränkt sich auf die Redner, die Sachwalter vor der Volksversammlung, vor Gericht, und die Politiker. Es ist sehr auffallend, daß von Gorgias als dem großen Sophisten, dem Aufklärer, neben Protagoras, dem wissenschaftlichen Lehrer, nicht die Rede ist. Insofern ist der spätere Untertitel „über die Redekunst" nicht sinnwidrig.
52. Die Sklaven aus dem Stamme der Mysier wurden besonders geringgeschätzt.

53. Ilias XV 189—193.
54. Auffallend ist es, daß auch die richtenden Halbgötter, die Zeussöhne, erst gestorben sein müssen, daß auch sie nackt sein sollen. (Diese Betrachtungsweise steigert sich noch im „Phaidon".) Vermutlich soll hier die Beziehung auf die Apologie um so lebhafter werden: dort sind es ja menschliche, lebende Richter, die so ungerecht urteilen. Zu ihnen bilden die Seelen im Jenseits den deutlichen Gegensatz. Entsprechend fällt hier zum ersten Male das Wort δικαστης.
55. Alle drei Zeussöhne sind wegen ihrer Gerechtigkeit berühmte Herrscher. Minos, Sohn der Europa, war König von Kreta. Rhadamanthys war sein Bruder. Aiakos war Sohn des Zeus und der Aigina. Daß Minos im Hades richtet, erzählt Odysseus von seiner Unterwelt-Fahrt XI 568—572. Pindar berichtet Ol. 2. 75—82, daß Rhadamanthys, der seiner Gerechtigkeit wegen auf die Inseln der Seligen versetzt ist, als Beisitzer von Kronos Gericht hält. Aiakos ist sonst nicht als Richter genannt.
56. Diese Stelle ist mit dem späteren Platon, zumal aber mit der konventionellen Platon-Deutung unvereinbar. Dies ενδηλα wird von Schleiermacher mit Recht als „sichtbar" übersetzt, denn der Richter „schaut" ja die Seele — aber er selbst ist Seele und schaut somit ohne leibliches Auge, also mit dem Auge der Seele. Im Gegensatz zum sogenannten „Platonismus" bleiben im Mythos Leib und Seele so analog, so plastisch, daß man sie nur als vergänglich und ewig unterscheiden kann. Dasselbe kennen wir aus Dantes Mythos, wo sich die leiblichen Menschen allein durch das Schattenwerfen von den jenseitigen Seelen unterscheiden. Aber die Seelen sehnen sich bei Dante nach der Wiedervereinigung mit dem Leibe, die ihnen erst am Jüngsten Tage zuteil wird. Platon überwindet den strengen Dualismus der Analogie in ganz anderer Weise in seinem philosophischen Mythos. (Palingenesie, Phaidros, Timaios.)
57. Diese Darstellung ist kaum verständlich, wenn man nicht die Seelenwanderung, die Palingenesie zugrunde legt, da anscheinend nur die Wiederverkörperten von dieser Warnung Gebrauch machen können. Trotzdem scheue ich mich ebenso wie die meisten Deuter, Platons Lehre zur Seelenwanderung schon hier anzunehmen. Warum fehlt sonst auch hier wie in der Apologie, abgesehen von dieser indirekten Folgerung, die mindeste Andeutung dieses Glaubens? Er hätte auch den Eindruck des Ganzen noch vertiefen können. (In der Sonderung von heilbaren und unheilbaren Verbrechen liegt der Keim der Sonderung von Hölle und Fegefeuer, aber ausgesprochen wird sie erst im „Phaidon". Dante allerdings vollzieht aus dieser

Sonderung, daß allein er selbst durch die Höllenwanderung für sein Leben gewarnt wird — aber eben nur er selbst, als unerhörte Ausnahme.) So muß man wohl annehmen, daß Platon hier Vorstellungen der Pythagoreer und Orphiker vorschwebten, ohne daß er an die Folgerungen denkt. Sehr verständlich, warum: Es kam ihm auf das irdische Gericht, auf die Erziehung der Lebenden an. Aber in der Tat konnte der Glaube an das Jenseitsgericht erzieherisch wirken ohne Vorstellung der Wiederkehr: nämlich wenn man glaubte, was Homer, was Platon selbst berichten — dann war die Wiederkehr nicht notwendig. Vor allem aber: Man versteht, warum Platon auf der großen Südreise die Lehre der Metempsychose so begierig aufnahm, so fruchtbar ausbaute. (Menon. Politeia.)

58. Archelaos wurde im gleichen Jahr wie Sokrates getötet.

59. Diese drei Gestalten: Od. XI 576—600.

60. Über Kallikles den Europäer richtet der Europäer Aiakos. Auffallend, daß im Gericht Asien bestimmend ist: der Asiat Rhadamanth wird zuerst genannt, und der Asiat Minos ist der oberste Richter. Platons Mythos greift in die Urzeit zurück und hat hohe symbolische Bedeutung für die Weltgeschichte bis heute: er redet vom Ursprung der abendländischen Kultur, der nicht diesseits der Grenze zwischen Europa und Asien liegt, sondern im Grenzgebiet selbst. Das Abendland ist das Mittelmeergebiet mit allen Küsten, der Ursprung die zu Asien gerechnete Ostküste mit ihren Inseln. Hier vor allem Kreta, Zeus' Geburtsinsel. Dorthin, nicht nach Europa hat Zeus die phönizische Königstochter Europa entführt. (Von Herodots historischer Deutung des Trojanischen Krieges als Gegensatz zwischen Europa und Asien ist noch abzusehen.) Hellas umfaßt auch Kreta, auch die kleinasiatische Küste. Wie so oft ist ein Übergangsgebiet die schöpferische Quelle. — Auch Luther rechnet Palästina nicht zum Morgenlande (Chaldäa), und Hölderlin denkt bei Asia an Kleinasien, an Patmos.
Diese furchtbare Anwendung auf Kallikles entspricht genau dessen Warnung 486 B/C.

61. Wenn die unbedingte Moral fordert, daß nur die Gesinnung, nie der Erfolg bewertet werde, so könnte es scheinen, daß Platon die niedere Moral des Utilitarismus anerkennt, denn er setzt gut und nützlich fast gleich. Aber er wertet nicht nach einem abstrakten Gesetz, sondern nach dem gewollten Erfolg: der Schönheit des Lebens. Er versteht nützlich hier nicht als Mittel, sondern als Wesen, als Eudaimonie, die nur bei unbedingter Gerechtigkeit möglich ist. Dazu fordert er nun, in Rücksicht auf die Natur des Menschen, Glück und Buße im Jenseits — das ist die Forderung auch der christlichen Moral.

Eine Bibliothek der Weltliteratur für alle

Am 13. November 1867 kündigte das Börsenblatt für den Deutschen Buchhandel eine »Universal-Bibliothek« an. Anton Philipp Reclam (1807–1896), der in dieser Sammlung von billigen Einzelausgaben »das Erscheinen sämmtlicher classischer Werke unserer Literatur, die ein allgemeines Interesse in Anspruch nehmen«, versprach, trat damit in den Kreis der großen Volksbildner des 19. Jahrhunderts ein.

Die ersten Serien der Universal-Bibliothek enthielten Goethes Faust, Schillers Tell, Lessings Nathan, Shakespeares Romeo und Julia, Kleists Käthchen von Heilbronn, Hebels Alemannische Gedichte und eine Anzahl weiterer Werke der großen Literatur. Sie brachten aber auch schon einige Titel, die in eine Idealbibliothek der Weltliteratur gehören, ohne zu den Werken breitester Publikumswirkung zu zählen, so z. B. das Gespräch Jean Pauls über die Unsterblichkeit (Das Kampaner Tal) oder Werke von Mendoza, Voltaire und Robert Burns. Anton Philipp Reclam zeigte so in seiner ersten Ankündigung, was ihm vorschwebte: die Schaffung einer Bildungsbibliothek größten Ausmaßes ohne Rücksicht auf den sich rasch ändernden Publikumsgeschmack des Augenblicks. Trotzdem war seine Sammlung keineswegs nur als eine Reihe von Klassikerausgaben gedacht: unter den ersten Nummern waren drei lebende Autoren; die Bemühung um die bedeutende Gegenwartsliteratur ist der Universal-Bibliothek von ihrem Gründer vorgeschrieben.

Anton Philipp Reclam versprach in jener ersten Ankündigung den raschen Weiterausbau der Sammlung. Dieses Versprechen haben er, sein Sohn und seine Enkel erfüllt. Zur Feier ihres 75jährigen Bestehens im Jahre 1942 umfaßte die Universal-Bibliothek nicht weniger als 7500 Nummern, sie umspannte die Weltliteratur aller Zeiten. Man konnte den Koran ebenso wie ein Drama der Inka-Zeit oder den mittelhochdeutschen Versroman Flore und Blancheflur oder die Briefe Byrons darin finden und – kaufen. Denn das war die weitere Voraussetzung seines Erfolges: es gelang ihm, alle diese Werke zu dem unerhört niedrigen Nummernpreis von nur zwei Groschen herauszubringen.

Der Raum, den Reclams Universal-Bibliothek im Kulturleben der Welt eingenommen hat, wird in einer einzigen Zahl deutlich: bis zu den Brandnächten der Jahre 1943 und 1944 sind im

Leipziger Verlagshaus etwa 280 Millionen dieser Bändchen gedruckt worden. Die Bomben des Krieges aber vernichteten den größten Teil der noch lagernden Bestände. Damit wurde mehr zerstört als nur das Lager eines großen Verlages. Der Wert der Sammlung hatte ja darin gelegen, daß nahezu sämtliche einmal aufgenommenen Titel jederzeit lieferbar waren, daß man bei Reclam praktisch alles, was man suchte, auch wirklich bekam.

Unmittelbar nach der Katastrophe begann man aufs neue. Heute ist es einer der Urenkel des Gründers, der – jetzt von Stuttgart aus – mit seinen Mitarbeitern das Lebenswerk der Väter wieder aufbaut. In vielem hat man neue Wege beschritten. Die Absicht, eine in allen Titeln stets lieferbare, möglichst weitausgreifende und umfassende Sammlung von Textausgaben der Weltliteratur zu schaffen, ist geblieben. Selbst das alte Taschenbuchformat bewährt sich heute, als wäre es soeben für unsere Zeit erfunden, und die Herstellung in einem eigenen technischen Betrieb gewährleistet den für jeden erschwinglichen Preis.

Zunächst standen die klassischen Bildungstitel wieder im Vordergrund der Planung. Bald war man in der Lage, der deutschen Schule wie früher ihre Klassenlesestoffe zur Verfügung zu stellen und der Bibliothek des Gebildeten Ersatz für manchen Verlust des Krieges zu bieten. – Aber die neue Sammlung wächst stetig weiter, um 80 bis 100 Titel jährlich, so daß sie im Jubiläumsjahr 1967 bereits 1200 Titel umfaßte. Dabei handelt es sich häufig um kommentierte, textkritische oder zweisprachige Ausgaben, durch die besten Fachkenner herausgegeben und mit gründlichen Einführungen oder Nachworten versehen. Mit ihnen gibt die Universal-Bibliothek auch der Hochschule mehr und mehr Seminartexte an die Hand, wie sie dem Studenten so preiswert bisher nicht zugänglich gewesen waren.

Man findet die Tragödien des Aischylos, Sophokles und Euripides, Vergils Aeneis neben Dantes Göttlicher Komödie, man findet die Lieder des Archipoeta, den Ackermann aus Böhmen und das Volksbuch vom Doktor Johann Fausten neben Gryphius, Klopstock, Lessing, J. M. R. Lenz, Ludwig Tieck, Grillparzer und Fontane, man findet gleichermaßen Calderon, Lope de Vega, Corneille und Racine wie Marlowe, Dickens, Wilde und Ibsen oder Puschkin, Gogol, Ostrowskij und Lesskow. Die moderne Literatur ist mit Anouilh, Faulkner, Ionesco, Robbe-Grillet, Gottfried Benn, Wilhelm Lehmann und in Hörspiel-

bänden von Böll, Eich, Marie Luise Kaschnitz u. a. vertreten, die Philosophie reicht von Platon und Aristoteles bis Gabriel Marcel und Heidegger. Über all das gibt am besten der neueste Gesamtkatalog der Universal-Bibliothek Auskunft.

Zu den Einzelausgaben treten eine Reihe von Epochen-Anthologien wie Griechische Lyrik, Lateinische Gedichte deutscher Humanisten, Das Junge Deutschland, Der deutsche Vormärz, Klassiker des Feuilletons, Lyrik des Jugendstils und Gedichte des Expressionismus sowie die Anthologien moderner Erzähler Deutschlands, Frankreichs, Italiens, Ungarns, Jugoslawiens, Rußlands, Irlands und Nordamerikas. – Waren die Bhagavadgita, das Gilgamesch-Epos oder die Sakuntala von Kalidasa bald nach dem Kriege wieder verlegt worden, so ermöglichte die UNESCO im Jahre 1964 dem Verlag eine weitere Ausdehnung der Themen der Universal-Bibliothek auf die Literatur und Philosophie des Ostens; es erscheinen nun persische, indische, chinesische und japanische Gedichte, Prosa und philosophische Texte, wiederum in sorgfältig kommentierten meist neuen Übersetzungen mit ausführlichen Einleitungen.

Das weite Gebiet der bildenden Kunst war der Sammlung früher verschlossen. Die modernen Reproduktionsverfahren ermöglichen heute aber durchaus instruktive und eindrucksvolle Wiedergaben selbst im Taschenbuchformat. Der Verlag nutzte diese neue Möglichkeit zu einer willkommenen Bereicherung seiner Universal-Bibliothek und begann 1956 die Sonderreihe Werkmonographien zur bildenden Kunst, die inzwischen zu einer Sammlung in der Sammlung angewachsen ist. Das Charakteristische dieser Bändchen ist, daß bekannte Kunsthistoriker jeweils ein bedeutendes Kunstwerk zwischen der Antike und der Gegenwart in gründlicher und umfassender Darstellung gemeinverständlich aber exakt interpretieren, wobei Entstehungsgeschichte, Deutung der Formen und Kennzeichnung des geistigen Hintergrundes in gleicher Weise berücksichtigt werden. Zeitgenössische Dokumente, Briefe, Selbstzeugnisse und ein Lebenslauf des Künstlers ergänzen die Einführungen. Jedes Bändchen enthält 16 Bildtafeln, die außer dem ganzen Werk Details und Vergleichsbeispiele zeigen.

Eine Bibliothek der Weltliteratur ist im Wiederentstehen, eine wahrhaft umfassende Sammlung der großen Zeugnisse des menschlichen Geistes.

Griechische Literatur

IN RECLAMS UNIVERSAL-BIBLIOTHEK

Aischylos, Der gefesselte Prometheus. 988 – Orestie I: Agamemnon. 1059 – II: Die Totenspende. 1063 – III: Die Eumeniden. 1097 – Die Perser. 1008 – Die Schutzsuchenden. 1038

Aristophanes, Die Frösche. 1154/55 – Lysistrate. 6890 – Die Wolken. 6498/99

Aristoteles, Metaphysik. 7913-18 – Nikomachische Ethik. 8586-90 – Poetik. 2337 – Der Staat der Athener. 3010

Demosthenes, Rede über den Kranz. 914/14a

Epiktet, Handbüchlein der Ethik. 2001

Euripides, Die Bakchen. 940 – Hippolytos. 8601 – Iphigenie bei den Taurern. 737 – Iphigenie in Aulis. 7099 – Medea. 849

Griechische Lyrik in deutschen Übertragungen. 1921-23

Griechische Satyrspiele von Euripides, Sophokles und Aischylos. 8387

Herodot, Die Bücher der Geschichte. 1.-4. Buch. Auswahl. 2200/01 – 5.-6. Buch. Auswahl. 2204 – 7. bis 9. Buch. Auswahl. 2206/07

Heliodor, Die äthiopischen Abenteuer von Theagenes und Charikleia. 9384-88

Herondas, Mimiamben. 8569

Homer, Ilias. 249-53 (auch geb.) – Odyssee. 280-83 (auch geb.)

Longos, Daphnis und Chloe. 6911/12

Lukian, Gespräche der Götter und Meergötter, der Toten und der Hetären. 1133/33a/b

Menander, Das Schiedsgericht. 8676

Platon, Apologie und Kriton. 895 – Das Gastmahl oder Von der Liebe. 927/27a – Gorgias oder Über die Beredsamkeit. 2046/47 – Phaidon oder Von der Unsterblichkeit der Seele. 918/19 – Phaidros oder Vom Schönen. 5789 – Der siebente Brief. 8892 – Der Staat. 8205-12

Plutarch, Perikles – Fabius Maximus. 2323/23a

Sophokles, Antigone. 659 – Elektra. 711 – König Oidipus. 630 – Oidipus auf Kolonos. 641 – Philoktet. 709

Theophrast, Charaktere. Griechisch und deutsch. 619/19a

Thukydides, Der Peloponnesische Krieg. 1807-11

Xenophon, Anabasis. 1184-86 – Erinnerungen an Sokrates. 1855/56

PHILIPP RECLAM JUN. STUTTGART